POUILLY-EN-AUXOIS
NOTES HISTORIQUES
par L'ABBÉ DE CLOCK
Curé Doyen
1923

POUILLY-EN-AUXOIS
NOTES HISTORIQUES
par L'ABBÉ DE CLOCK
Curé Doyen
1923

Nihil obstat.

Divione, 14a aprilis 1923.

Ch. Sauvestre, *c. d.*

PERMIS D'IMPRIMER

Dijon, le 17 avril 1923.

P. Bullier,
vic. gén.

AVANT-PROPOS

Ces *Notes historiques* ont paru déjà dans l'Echo Paroissial ; mais ce bulletin mensuel est plus ou moins conservé...

Il m'a semblé utile et intéressant de les réunir dans un volume pour en faciliter la lecture et surtout pour que ces souvenirs locaux ne soient pas perdus. *Colligite fragmenta ne pereant...*

Je dédie ce modeste travail à mes chers paroissiens.

F. de CLOCK.

POUILLY-EN-AUXOIS

NOTES HISTORIQUES

PAR

M. l'Abbé de CLOCK

CURÉ-DOYEN

1923

CHAPITRE PREMIER

Histoire de Pouilly-en-Auxois (1).

Anciennement appelé *Poilli*, *Poillé*, *Polliacum*, *Puliacus*, *Polleyum*, — placé sous le vocable de saint Pierre, du diocèse d'Autun (jusqu'à la fondation du diocèse de Dijon, en 1731). Le curé avait le titre d'archiprêtre duquel dépendaient 17 paroisses.

Pouilly était avec Sombernon et Châteauneuf un des trois *Bourgs* du *Bailliage d'Arnay-le-Duc*.

C'était autrefois une place forte, ayant un châtelain, bâtie en grande partie sur la montagne (Butte Saint-Pierre).

D'après les documents les plus anciens, Richard le Justicier, comte d'Autun, duc bénéficiaire de Bourgogne, « prenait son séjour à Poilli, qui est un lieu de plaisance. Il y faisait quantité d'actions de piété et rendait la justice, secondé de Raoul, son fils aîné, depuis roi de France ». Richard mourut en 922. (Raoul fut, en effet, élu roi en 923 après la mort de Robert Ier, tué à la bataille de Soissons, dont il avait épousé la fille Emma. Il mourut lui-même en 936).

(1) D'après Courtépée.

De Guy et de Baudoin, noble Hugon ou Hugues IV, duc de Bourgogne, acquit Poilli pour 40 livres et construisit le château en 1260.

En 1359, J. Espiard et, en 1400, Jean de Champrenault sont seigneurs de Pouilly.

Le duc Jean ordonna de fortifier *la motte* de Pouilly en 1412. Tous les villages qui avaient « droit de retrait » y travaillèrent promptement, creusèrent des fossés et dressèrent de hautes palissades et des tours dont l'une carrée de 50 pieds de hauteur et une autre ronde qui servait de prison. Ces ouvrages furent faits sous l'inspection de Jean de Courtiambles, chambellan du duc, seigneur de Commarin.

Pierre Bazin est châtelain et grenetier en 1430. Dans l'enceinte de la forteresse était en effet le *grenier à sel* (1). Il y est très ancien, car, à Pouilly, Hugues Pernet est déjà grenetier en 1409 et Jean Pollechien, contrôleur du grenier à sel en 1423.

Le baron de Vitteaux demanda à Henri IV que le grenier à sel de Pouilly fût transféré à Vitteaux. Cela lui fut refusé en 1505 (2).

Pouilly fut affranchi en 1419 par le duc Jean. La dot de Marie de Bourgogne, épouse de Pierre de Beaufremont, fut assignée sur le comté de Charni et Pouilly qui en dépendait et fut liquidée à 700 livres en 1454.

C'est par les filles de ce comte de Charni que cette terre est entrée dans les familles de Chabot, d'Harcourt, d'Armagnac et de Brionne.

En 1780, elle appartient aux Dames de Saint-Cyr.

A cette époque le *Bourg de Pouilly* avait 122 *feux* (compris Velars qui en avait 30) et en tout 500 habitants.

Mais, sur la *Motte*, il ne restait alors que les ruines du château, l'église, le presbytère et deux maisons. Des deux portes de la *place forte*, celle de l'ouest subsistait encore, ornée des armes du duc soutenues par deux anges. Aux deux côtés, sous la voûte, dans la roche, étaient deux fontaines dont l'une était souvent pleine, c'était par là que s'écoulait l'eau des fossés. La porte de l'Est avait été détruite en 1745.

Les maisons s'étaient bâties au pied Est de la *Motte* (rues basses). Là était la *Léproserie* dans un lieu appelé « champ

---

(1) Le roi Philippe de Valois innova l'impôt de la gabelle sur le sel en 1342.

(2) Le grenier à sel fut transféré en 1736 au bas de la butte, sur le bord de la grande route (maisons Poisot et Dureux). Le titulaire fut alors M. Sautereau.

de la *Maladière* » ou « *cour des Miracles* ». Il en reste encore actuellement des vestiges : au-dessus de la porte d'entrée se trouve encore inscrite la date 1611.

L'ancienne église Saint-Pierre, qui était en même temps chapelle castrale, était de dimension modeste (plus petite que la chapelle Notre-Dame actuelle). Longtemps elle fut desservie par les moines de la Bussière auxquels partie de la dîme fut donnée par Robert de Bellenot en 1206.

Plusieurs tombes annoncent le *Mépart* (1), comme celle d'Edme Boussey, prêtre, chanoine, mort en 1560, celle d'Antoine Belot, chanoine de céans. Barthélemi Soirot, curé, qui a donné en 1556 deux beaux candélabres en cuivre, surmontés d'un ange. Dans l'église se trouvaient aussi six tombes des Comeau dont la plus ancienne, celle de Hubert, mort en 1368 et, la dernière, de Jean, décédé en 1631.

Dans l'église Saint-Pierre il y avait plusieurs chapelles :

La chapelle Sainte-Anne, fondée par Jean et Claude Comeau ; celles de Saint-Jean, de Saint-Martin et de Saint-Laurent.

S'y trouvait également le *Sépulcre* qui, après l'incendie de l'église Saint-Pierre, fut descendu à la chapelle Notre-Dame. Ce monument fut payé par N. Boyeau, bourgeois à Pouilly, en 1521.

La chapelle Notre-Dame, bâtie pour conserver la *statue miraculeuse*, fut détruite puis rebâtie au douzième siècle. On y gardait depuis longtemps une fiole contenant, prétendait-on, du lait de la Sainte Vierge (!). Mais l'évêque, dans une visite en 1752, en défendit l'exposition et l'a sagement fait disparaître...

Le jour de saint Pierre, fête solennelle, on faisait jadis une *parade*. On construisait un fort qui était attaqué et défendu. Les seigneurs voisins assistaient à cette petite guerre et souvent montaient à l'assaut ; ensuite ils se retiraient chez eux au bruit des fanfares, après la collation. Deux *fous de fêtes* annonçaient dans les villages voisins cette cérémonie qui cessa vers 1680.

Il y avait autrefois dans l'enceinte fortifiée de Pouilly, deux foires par an et, tous les samedis, un marché. Le commerce était surtout en blé, chanvre et moutons.

Ce qui donnait à Pouilly de l'importance, c'est que ce bourg était le point central des routes de communications entre Dijon et Autun, Beaune et Semur. C'était un « relai » pour les « *Postes* ».

On se rend compte facilement que le *bourg* de Pouilly s'est complètement déplacé. D'abord construit en entier

---

(1) Mépart : droit d'une église à avoir des chanoines.

sur la butte ou *la Motte*, ensuite à mi-coteau (rues basses), il a glissé dans le vallon surtout depuis la construction du canal de Bourgogne.

Question

Comment faut-il appeler les habitants de Pouilly ?

Réponse : les Poilliens, ou les Polliens.

Pourquoi ? — Parce qu'autrefois (d'après Courtépée) le bourg s'appelait : Poilli, Poillé, Polliacum, Polleyum.

Absolument comme les habitants de Vitteaux s'appellent les Vittelliens et ceux de Saulieu, les Sedoliens.

CHAPITRE II

Liste des Curés de Pouilly-en-Auxois

d'après les archives paroissiales.

1. — Drouhin, 1644-1650.
2. — Philibert Blandin, curé-archiprêtre, 1651, mort le 16 novembre 1682, âgé de 81 ans.
3. — André Berthaut, curé de Créancey, nommé procuré de Pouilly, n'y a pas demeuré, 1682-1683.
4. — Adrien Gagnard, 1683, mort en odeur de sainteté, âgé de 32 ans, en 1687.
5. — François Boffroy, 1688-25 juin 1694.
6. — François Henry, 1694-1701.
7. — Benoît Simon, 1701-1703 (mort à 48 ans).
8. — Pierre Develle, 1703-1720.
9. — Charles Develle, 1720-1732.
10. — H. Sauvageot, 1732-1736.
11. — André-Marie Renaud, 1736-1777.
12. — N. Barolet, 1777-1787, eut comme vicaire successivement : MM. Agey, Ponnelle (mort curé de Châtellenot en 1838) et Hyault.
13. — H. Theveneau, 1787-1790. Il a prêté serment à la « Constitution civile du clergé » et s'est mal conduit. L'église Saint-Pierre (sur la butte) a été brûlée à cette époque par le feu du ciel, le 2 octobre 1790.
14. — Louis Potot, 1802-1804, très zélé et très aimé, mort le (4 thermidor an XII) 23 juillet 1804, âgé de 64 ans.

15. — Etienne CAUQUOIN (nivôse an XIII), janvier 1805, passe à la cure de Genlis, juin 1810.
BRULEY, desservant de Bellenot, chargé de Pouilly, 1810 à mars 1811.
16. — Etienne NICOLLE, 1811, mort en 1823, à 68 ans.
17. — Edme DOUET, 1823-1825, ensuite curé d'Arnay-le-Duc, puis chanoine de Dijon.
Massenot, administrateur, novembre 1825 à mai 1826.
18. — Jean VALLON, 1826-20 août 1829, mort à 44 ans. — Gagnereau, curé de Maconge (administrateur).
19. — Basile MOTTON, 1829 à 1835, curé de Nuits, mort en 1837.
C. Guillemot, chargé de Pouilly, 1835 à juin 1836.
20. — François GAGNEREAU, 1836, mort le 25 mai 1858, pieux, zélé, très aimé de sa paroisse et de ses confrères.
21. — Claude MEURGEY, ancien curé de Santenay, 1er août 1858-26 janvier 1885. A construit l'église Saint-Pierre et fondé l'école libre.
M. Rabain, curé de Créancey, fait l'intérim de janvier à décembre 1885.
22. — Louis DUPLUS, ancien curé de Vielverge, décembre 1885-mars 1892.
R. P. Leneuf, missionnaire, administrateur, de mars à septembre 1892.
23. — Eugène FOURNIER, missionnaire de Saint-Bernard, septembre 1892 à 25 décembre 1910 ; nommé chanoine honoraire de la cathédrale de Dijon en 1899.
Paul Brullard, vicaire, décembre 1906-janvier 1911.
24. — Fernand DE CLOCK, ancien curé de Champdôtre, installé curé de Pouilly, le 28 janvier 1911.

CHAPITRE III

L'ancienne église Saint-Pierre.

Sur la butte Saint-Pierre, il ne reste actuellement que les ruines de l'ancienne église, amas de pierres parmi les broussailles et les ronciers.

Une croix et des dalles tombales indiquent l'emplacement de l'ancien cimetière.

La foudre en 1790 était tombée sur le clocher et avait mis le feu à la charpente : les cloches, dans leur chute, avaient ébranlé les voûtes de l'édifice, si bien que, le 31 octobre 1790, Jean-Alexis Pasteur, architecte et voyer de la ville de Dijon, fut désigné par le Directeur du département de la Côte-d'Or pour constater « s'il n'y avait pas danger à fréquenter l'église et à célébrer le service divin ».

Cet architecte, dans un rapport détaillé, décrit, le 17 avril 1791, l'état dans lequel il trouve l'église.

Celle-ci a « 90 pieds de longueur — 3 pieds équivalent à un mètre environ — sur une largeur moyenne de 28 pieds dans œuvre ». La nef a 40 pieds. Elle est couverte d'un « Berceau » formé par la charpente garnie de « Lambrys » par dessous.

La pièce sous le clocher a 20 pieds de longueur sur 19 pieds de largeur ; elle est voûtée avec lunette au milieu pour le passage des cloches.

Le chœur a 30 pieds de longueur sur une largeur moyenne de 20 pieds 6 pouces ; il est voûté et éclairé sur les côtés par le moyen des chapelles ; et tous les murs ont environ 3 pieds d'épaisseur.

« Au midy de cette Eglise sont placés une sacristie de 10 pieds en quarré voutée ; à la suite, est la chapelle Sainte Anne de 14 pieds en quarré et voutée, en suite la chapelle des fonts de 13 pieds en quarré qui est pareillement voutée.

» Au nord est placée la chapelle Saint Jean de 14 pieds en quarré et à la suite un escalier en pierre pour monter sur la voute et sur le clocher... La tour au-dessus de la voute a 20 pieds au quarré sur environ 36 pieds de hauteur...

» Malgré les précautions que M. le Curé a prises pour pouvoir célébrer la messe dans cette église, il y a un très grand danger à continuer :

» 1° Parce qu'il faut absolument passer sous le clocher pour arriver au chœur ;

» 2° Parce que la voûte sous le clocher ne se soutient qu'au moyen d'une partie de la grosse cloche qui est restée dans la lunette et que cette partie venant à se détacher, la voûte doit nécessairement tomber et que cet accident peut arriver pendant le service divin à l'instant qu'on s'y attendra le moins...

» En conséquence, l'expert soussigné est d'avis que pour éviter un très grand malheur, il convient d'interdire le plus tôt possible la dite église. Il est même étonné que

M. le Curé, qui est un très bon citoyen, expose sa vie et celle de ses concitoyens en s'obstinant à célébrer le service dans une église où il y a si grand danger pour leur vie... »

Devant la grande porte d'entrée il y avait un « chapiteau » de 10 pieds de longueur sur 12 de largeur. L'église était entièrement couverte en lave. La tour du clocher contenait quatre cloches qui furent brisées et en partie fondues par l'incendie. Ce qui en resta est estimé par l'expert « trois milliers de livres qui peuvent valoir vingt-deux sols la livre ».

Il est intéressant de lire tous ces détails. On se rend compte que l'ancienne église était de dimensions restreintes. Avec ses trois chapelles, la superficie totale était de 290 mètres carrés environ (Notre-Dame Trouvée a 270 mètres carrés et la nouvelle église Saint-Pierre : 530 mètres carrés.

De plus, elle était très irrégulière : la nef plus large que le reste de l'édifice, la partie placée sous le clocher un peu plus étroite encore que le chœur. Celui-ci devait être fort sombre, puisqu'il n'était éclairé que par les chapelles latérales, irrégulières elles aussi (deux au midi et une au nord). Ses dimensions peuvent être comparées à celles des églises de Bellenot ou de Thoisy-le-Désert. Il est vrai qu'à la fin du dix-huitième siècle, Pouilly avait à peine 500 habitants.

Quelle différence avec la nouvelle église *Saint Pierre* si bien construite, élégante, solide, claire, et si belle... surtout quand elle est remplie de paroissiens !

CHAPITRE IV

La nouvelle église Saint-Pierre

Autrefois l'église paroissiale du « Bourg » de Pouilly-en-Auxois était sur le sommet de la « Butte Saint-Pierre ». Une chapelle construite en l'honneur de la Sainte Vierge vers l'an mil, puis détruite et rebâtie aux douzième et treizième siècles, était un lieu de pèlerinage, à mi-coteau de la butte. C'est la chapelle de Notre-Dame Trouvée. Or, en 1786, l'église Saint-Pierre était en si mauvais état qu'une pétition fut adressée à Monseigneur l'Intendant de Bourgogne « sollicitant le transport de leur paroisse à l'église Notre-Dame, plus à leur proximité et dont l'accès est infiniment plus facile, entourée d'habitations qui se succèdent de proche en proche jusqu'au Bourg et dans laquelle les anciens seigneurs de Pouilly ont fondé et suffisamment rétribué une « Prière » et un « Salut » pour le Roy qui se doivent dire les Dimanches et Festes après les offices de la Paroisse.

» Depuis un an, M. Barolet, cy-devant Professeur de la classe de Troisième à Dijon et à présent curé de Pouilly, s'est de son propre mouvement abstenu d'acquitter cette fondation sous prétexte du mauvais état des combles de cette Eglise Notre-Dame et des risques qu'il y courait. D'autres prétendent que s'il l'a acquittée à l'Eglise paroissiale c'est pour sa commodité étant plus à proximité de son presbytère que l'Eglise Notre-Dame.

» Quoi qu'il en soit, Monseigneur, et ce qu'il y a de vrai c'est que la cessation de ces prières à l'Eglise Notre-Dame mortifie les suppliants et singulièrement les vieillards, les infirmes et les femmes enceintes qui ne peuvent se rendre à la Paroisse et qui allaient aisément à l'Eglise Notre-Dame... »

L'église Saint-Pierre et l'église Notre-Dame sont l'une et l'autre en fort mauvais état.

Cependant on s'engage de préférence à faire les réparations à Notre-Dame à cause de la « dévotion à la Sainte Vierge ».

« Le Batonnier de la Confrérie a en bourse 300 livres destinées à cet objet. Les Dames de Saint-Cyr, dames de cette paroisse, ont autorisé M. leur Régisseur à donner pour cette bonne œuvre 240 livres. Plus de quinze habitants tant Bourgeois, gros Marchands qu'autres ont promis chacun 24 livres, même plus s'il le fallait soit en tout 360 livres. On estime les vieux bois 200 livres. Ce qui fait une somme totale de 1.100 livres.

» Plusieurs gros forains ont promis de venir au secours. Les laboureurs promettent de charoyer les laves, les bois et les autres matériaux... »

La pétition est signée par une cinquantaine de paroissiens notables. On remarque parmi les noms : le syndic (illisible) ; Monfil, receveur au grenier à sel ; le procureur du roi (illisible) ; Sautereau, économe de l'hôpital ; Lhomme, officier au grenier à sel ; Driot, notaire royal ; Bochot, syndic du hameau de Velars et fermier de la paroisse de Pouilly ; Tainturier, lieutenant de la justice ; P. Cunisset ; Pellechien Jean ; Piogey, marchand d'étoffe ; Jacques Richard ; Soudry, marguillier ; Dupont ; Patriarche, etc.

Le 20 avril 1786, l'autorisation demandée est donnée. « L'ordonnance sera lue et publiée à l'issue de la messe paroissiale ... à conséquence de faire les réparations à la chapelle Notre-Dame... » « On rendra compte après la confection par devant le sieur Blime, subdélégué à Vitteaux. »

Les réparations furent terminées en juillet 1787, exécutées par Jean Pellechien.

Mais le 2 octobre 1790, la foudre tombe sur l'église Saint-Pierre. Immédiatement, le maire Sautereau adresse une requête à Messieurs les administrateurs du département de la Côte-d'Or, pour « les prévenir que le feu du ciel ayant embrasé la flèche de l'église paroissiale, que la chute des bois et des cloches ayant ébranlé les voûtes, l'on a lieu de craindre une ruine prochaine et demander non la réparation de l'église, ce qui paraît impossible, mais d'envoyer un commissaire sur les lieux pour constater le danger qu'il y aurait de passer sous les voûtes. En second lieu de reconnaître laquelle des deux chapelles de Notre-Dame ou de l'Hôpital servirait de paroisse prpvisoirement... »

En attendant, le « sieur Curé » préfère l'église Notre-Dame et y célèbre les offices. L'administration départementale laisse libre choix à la municipalité qui, le 25 septembre 1791, désigne la chapelle de l'Hôpital comme église provisoire. Mais en 1793, tout culte religieux est supprimé dans la France entière ; les églises sont toutes interdites !

A la Révolution avait succédé la *Terreur*, régime si bien nommé et dont la pauvre Russie nous redonne actuellement le bien triste exemple.

Le culte catholique était aboli, les églises fermées ; les curés (excepté ceux qui avaient prêté le serment de la constitution civile du clergé, c'est-à-dire les apostats) étaient emprisonnés, envoyés en exil ou guillotinés. Quelques-uns cependant se cachaient dans les bois ou certaines maisons sûres, et la nuit, au péril de leur vie, ils célébraient en cachette la messe dans des granges et ils administraient les sacrements.

Il y en avait un, en particulier, à Civry ; un autre dans la forêt de Buant, près de Jouey, qui échappaient à toutes recherches et, avec un zèle infatigable, exerçaient leur ministère. On venait vers eux de fort loin, jusque de Beaune, pour se confesser et communier, on leur apportait les enfants à baptiser.

Quand Napoléon Ier eut rétabli l'ordre en France, un de ses plus grands soucis fut de restaurer le culte religieux et il conclut avec le pape Pie VII le « Concordat » (1801).

Un évêque constitutionnel, nommé Volfius, avait été envoyé à Dijon en 1791, tandis que le véritable évêque René des Monstiers de Merinville était exilé...

En 1802, Mgr Reymond est nommé évêque de Dijon. Il envoie à Pouilly l'abbé Potot, pieux, zélé. En quel état ce pauvre prêtre trouve l'église Notre-Dame et la chapelle de l'Hôpital, l'une et l'autre abandonnées depuis dix ans !

Et cependant on est si pauvre partout qu'il est inutile de songer à bâtir une église, pas même à réparer celles qui existent. Le mobilier de l'église brûlée avait été vendu aux enchères, le 23 nivôse en VIII, 815 francs à un sieur Boschot, au profit de l'Etat...

Le 22 décembre 1827, M. le préfet de la Côte-d'Or, marquis d'Arbaud-Jouques, cédant à de nombreuses sollicitations, conseillait au maire de Pouilly « d'assembler son Conseil municipal, afin de désigner l'emplacement le plus convenable à la construction d'une église... et de constater les ressources actuelles qu'on peut employer à la construction de l'édifice dont il s'agit ».

Le 9 janvier 1828, le sous-préfet de Beaune, M. Rocaut, autorise une réunion extraordinaire du conseil municipal à cet effet...

Ce n'est que le 4 juin 1830 que le conseil municipal, présidé par M. Meurgey, notaire royal et maire de Pouilly, « animé du désir de voir s'élever bientôt un temple décent », demande à M. le préfet « de solliciter les secours nécessaires pour aider la commune à faire la construction d'une église ».

La délibération est signée : Meurgey, Chrétiennet, Dupont, Bizouard, Bidault, Serrigny, P. Cunisset.

Les choses traînent en longueur !...

En 1840, à l'instigation de M. Gagnereaux, curé, une souscription est ouverte et recueille 3.680 francs ; puis, le 25 juillet 1842, M. Grozelier étant maire, la municipalité affecte une somme de 5.000 francs et vote une imposition extraordinaire d'une somme égale (5.000 francs) sur les quatre contributions directes..., puis, le 4 novembre 1842, adresse au gouvernement une demande « afin d'obtenir la somme de 26.320 francs, qui manque pour compléter celle de 45.000 francs jugée nécessaire pour la construction de l'église ».

Le Conseil de Fabrique montre aussi sa bonne volonté en prélevant 100 francs par an pendant cinq ans sur son budget, soit encore 500 francs.

Le 20 septembre 1840, Mgr Rivet, évêque de Dijon, en tournée de confirmation à Pouilly, « manifeste le vœu qu'une église soit construite plus à la portée des paroissiens ». Il renouvelle ce vœu le 7 mai 1847 et insiste encore le 7 mai 1854 : « Il faut (écrit-il sur le registre de la Fabrique) d'abord bien étudier ce que l'on veut faire ; nous sommes assurés que la population et les hommes raisonnables qui ont quelque influence s'occuperont de ce projet et fourniront le moyen de l'accomplir un jour... »

Or, le 1er mai 1842, M. Gagnereau propose un plan et un devis estimatif d'un projet de construction d'église dressé par M. Collin, ingénieur des ponts et chaussées, chargé de la division supérieure du canal de Bourgogne et résidant à Pouilly. Le devis est de 35.000 francs.

Il s'agit d'une église à trois nefs : 35 mètres de long, 18 mètres de large et 22 mètres de haut. En avant, un clocher de hauteur moyenne avec une flèche très basse, un portique avec un fronton triangulaire supporté par quatre colonnes. (C'est le style de cette époque.)

La municipalité est intéressée par ce plan, elle promet même de mettre à l'église une plaque rappelant que M. Collin a dressé ce projet gratuitement... si l'église est construite ! Et l'on en reste là, si bien que Monseigneur l'évêque écrit, le 15 juin 1842, pour presser la commune de s'occuper de la construction de l'église dans l'intérêt du pays. Alors, le maire et le curé adressent une requête à M. le Ministre demandant « que le Gouvernement promette cinq à six mille francs pendant quatre années pour l'accomplissement d'une œuvre si méritoire... » La supplique se termine ainsi : « Votre décision nous sera favorable ! Nous en avons pour garants les exemples de libéralités que vous exercez avec tant de discernement en faveur des temples catholiques et qui concourent puissamment à la consolidation d'une dynastie à laquelle nous sommes si fortement attachés... » Signatures : Gagnereaux, curé. Grozelier, maire.

Mais M. le sous-préfet de Beaune fait remarquer que la somme demandée est beaucoup trop élevée, et il conseille de se créer des ressources, par exemple par la vente de terrains communaux ; car, chaque année, le gouvernement n'accorde que de 3.000 à 5.000 francs pour tout le département.

Alors on semble découragé... On se contentera de ce que l'on a !

1° L'église Notre-Dame, qui est paroissiale.

2° La chapelle de l'Hôpital (maison actuelle de M. Robin). Cet hôpital avait été fondé au commencement du dix-septième siècle par le comte de Charny, seigneur de Pouilly, et la chapelle construite en 1720 par le seigneur de Créancey.

Monseigneur l'évêque a permis depuis quarante ans « de dire la messe basse en semaine, dans la chapelle de l'hôpital, d'y chanter les Vêpres le dimanche et d'administrer les sacrements de Baptême, de Pénitence et d'Eucharistie ».

Pauvre chapelle ! où cependant Mgr Rivet a constaté, dans une visite pastorale, qu'il existe le nécessaire pour la célébration du culte. Le presbytère était à la place du bureau de poste actuel : legs de Nicolas Comeau (1727).

Cependant la cloche de Notre-Dame, qui ne pèse que 100 kilogrammes, ne suffit pas pour avertir les fidèles des heures des offices. On ne l'entend pas du bourg.

Les cloches plus ou moins fondues par l'incendie de l'ancienne église Saint-Pierre ont été vendues ; on en a racheté une autre qui est déposée au presbytère. Pour l'utiliser, il n'y a pas d'autre moyen... que de construire un clocher. Un architecte de Dijon, M. Sidorot, propose d'en édifier un à l'angle du chœur de Notre-Dame, de style roman, couvert en tuiles. Le devis est de 3.455 francs (mai 1850). Mais on ne donne pas suite à cette idée.

M. Drouin est maire en 1852. Il demande à M. le préfet l'autorisation « d'émettre cent mille numéros de loterie à 1 franc ; dont le quart sera employé à former des lots pour les souscripteurs à cette œuvre pieuse et morale, les trois quarts restants seraient employés à la construction de l'église... »

L'autorisation ne fut pas donnée.

M. Sirodot, architecte, propose (en 1858) de nouveau « une église de 32 mètres de longueur sur 14 m 50 de largeur, qui ne manquerait ni de style, ni de forme monumentale et convenablement ornée » pour 26.000 francs. Elle serait construite en blocs de ciment et pourrait contenir 700 places.

Comme emplacement, l'architecte indique, soit la levée orientale du canal à l'entrée du souterrain (l'administration en céderait une partie sans difficulté), soit le champ de foire, soit le clos Lobreau, à l'angle du *Chemin de la Motte* et de l'allée supérieure du canal (c'est-à-dire près de l'épicerie de M. Dumonteil), soit le terrain de M. de Montille, route de Beaune (emplacement de l'église Saint-Pierre actuelle).

On remarque avec raison que les blocs de ciment n'ont pas encore fait leurs preuves suffisantes de résistance à la gelée..

Deux ans après, M. Sirodot envoie un nouveau projet

(pour 45.840 francs) d'une église construite en pierres, rue de la Creuse, en face le presbytère actuel, à l'emplacement de la maison de M. Poirier, marchand de vin (maison achetée et réparée par M. Devanne).

On n'accepte encore pas. Alors M. Sirodot demande 500 francs pour honoraires de ses plans et devis. Le conseil de préfecture, par un arrêté du 5 juin 1868, condamne la commune de Pouilly à payer cette somme.

M. Meurgey, nommé curé de Pouilly, devait enfin réaliser le projet de bâtir l'église Saint-Pierre qu'on formait depuis plus de quarante ans, sans avoir pu jusqu'alors aboutir à une heureuse solution.

M. Meurgey est installé curé de Pouilly le 1er août 1858. L'église Notre-Dame sert d'église paroissiale, la chapelle de l'Hôpital est « chapelle de secours ». Mgr Rivet, dans une visite pastorale du 21 avril 1861, constate qu'avant peu la chapelle s'écroulera et, dans un temps prochain, l'église Notre-Dame exigera d'importantes réparations... il est nécessaire de construire une église dans le bourg... »

Alors, M. Meurgey, avec l'autorisation et les encouragements de son évêque, entreprend une quête dans toute la France et même à l'étranger. Il envoie des lettres et des images de la Sainte Vierge pour solliciter des offrandes.

Un vrai « bureau » est constitué : Sœur Prudence, Mlles Dupont, Guillemard, Breton, Marie Leblond, Petiot, sont les plus zélées ; la plupart des jeunes filles de Pouilly écrivent des lettres, ainsi que bien d'autres personnes, même les gendarmes...

Le curé, avec une activité inlassable, dépouille chaque jour un courrier qui va sans cesse en grossissant ; il répond souvent lui-même aux demandes d'explications qu'on lui fait. Des sous-comités sont organisés dans certaines villes pour centraliser les dons.

Puis on fit imprimer des circulaires : 120.000 et autant d'images furent envoyées soit en France, soit à l'étranger.

La plus grande partie resta sans réponse ; cependant M. Meurgey en reçut plus de 30.000 qu'il classa et fit relier. Ainsi se trouve au presbytère une vraie bibliothèque de documents et d'autographes dont plusieurs sont intéressants.

La plupart de ces lettres sont rédigées dans le même style :

« Quoique mon offrande soit légère, c'est de grand cœur que je vous envoie ma modeste souscription de... (2 francs à 20 francs ordinairement) » ; puis le donateur

2

ou la donatrice « se recommande aux prières du bon curé qui a promis de dire, pendant vingt ans, chaque mois, une messe à l'intention des souscripteurs ».

Quelques lettres cependant sont assez curieuses.
De Rennes on écrit :

« Permettez-moi de vous faire remarquer que votre procédé est bien propre à soulever des réclamations très légitimes... (!) »

« Je ne vous envoie rien, écrit un architecte de Paris, parce que je ne connais même pas votre pays... »

« Je ne souscris pas pour votre église, parce que vous, prêtre, vous ne souscririez pas pour mon temple. » C'est signé par un parfumeur de Paris, protestant.

Et un fabricant de meubles de Paris également : « Appartenant au culte catholique *universel* (?), mes offrandes ne peuvent s'adresser au culte catholique, apostolique, romain... »

M. Richard-Béranger, au contraire : « Quoique je sois protestant, je vous envoie mon obole ». De même M. de Rothschild, le richissime juif, fait une offrande.

« Non seulement, je ne vous envoie rien pour la construction de votre église, écrit un pharmacien protestant de Strasbourg, mais je trouve que vous faites une œuvre inutile, car il est écrit dans la Bible « qu'il faut adorer Dieu en esprit et en vérité »

M. Meurgey répond par une longue lettre dans laquelle, avec nombre de textes tirés de la Bible, il prouve que si l'on doit adorer Dieu du fond du cœur, Dieu veut aussi des temples pour les prières publiques. Alors, le brave pharmacien envoie une lettre d'excuses et se condamne lui-même, en réparation, à une amende de 20 francs.

Un général ronchonne en donnant : « N'ayant pas l'honneur de vous connaître, j'ai été tenté de consacrer les 10 francs que je vous envoie à des œuvres dont je puisse constater les mérites... »

M. Meurgey s'est adressé aux ministres, aux sénateurs, députés, préfets, consuls, ambassadeurs, aux maires des grandes villes, aux magistrats, à toute la noblesse de France, etc. ; aussi, dans les réponses reçues, se trouvent les signatures et les armoiries les plus diverses.

Quelques lettres sont touchantes : ainsi, une mère

envoie 20 francs de la part de sa fillette malade pour obtenir sa guérison. D'autres le sont... autrement.

Des hommes d'affaires demandent qu'en retour de leurs offrandes on fasse connaître des valeurs à l'émission !

Un spécialiste offre 40 pour 100 de ses bénéfices, si le brave curé veut bien placer son « spécifique ».

« Mes revenus sont bien modiques, écrit une personne de Nantes, mais comme saint Pierre est le patron de votre future église et que c'est lui qui a les clefs du paradis, je ne veux pas m'exposer à me voir fermer la porte au nez, je vous envoie ma petite aumône pour que, plus tard, saint Pierre me soit favorable... »

Parmi les lettres, il y en a une venant de Normandie, signée : De Clock. Le grand-père, il y a plus de cinquante ans, ne songeait pas que son petit-fils dirait la sainte messe pendant bien des années dans l'église pour laquelle il envoyait son offrande.

M. Meurgey avait fait une demande spécial au *ministère de la justice et des cultes*. Il l'avait fait recommander par M. Benoit-Champy, président du tribunal de première instance de Paris, par M. Marey-Monge, député, par M. le docteur Piogey. Il obtint 6.000 francs.

Les châtelains des environs sont particulièrement sollicités. Le comte de Vogüé et le marquis de Champeaux donnent 1.000 francs, le duc d'Harcourt, 500 francs, Monseigneur l'évêque, 500 francs.

Mais c'est surtout la population de Pouilly qui se montre généreuse : 8.000 francs sont souscrits dans la paroisse.

Au début de 1864, la souscription atteint déjà près de 50.000 francs. Elle dépassa 140.000 francs.

Mme Etiennette-Elisabeth Routy de Charodon, épouse de M. François Bizouard de Montille, a fait don à la Fabrique du terrain d'une contenance de 23 ares.

M. Carrière eut l'entreprise de la construction de la nouvelle église, le 24 août 1865, pour 93.312 fr. 75.

Les plans et devis ont été dressés par M. Schaeffer, architecte à Dijon ; la surveillance des travaux fut confiée à M. Escoffier, architecte, à Blaisy-Bas.

On nivelle le terrain et l'on commence enfin les fondations de la nouvelle église Saint-Pierre.

La construction de l'église Saint-Pierre, commencée en novembre 1865, est terminée en 1867. La Fabrique s'est chargée de la surveillance de l'exécution de l'entreprise. Etaient fabriciens : MM. Bidault-Richard, président ; T. Leblond, trésorier ; Levitte, secrétaire ; Mercey, Guillemard, Gros. Mais, naturellement, M. l'abbé Meurgey en est l'âme.

Cette église a la forme d'une croix latine, dans le style roman. La longueur est de 40 m 60, la largeur de 9 m 10, la hauteur 11 m 80.

Trois grands vitraux éclairent le chœur. Ils représentent, quoique de facture médiocre : au milieu *saint Pierre*, patron de la paroisse ; de chaque côté la *sainte Vierge* et *saint Joseph*. Neuf autres, dans les transepts et la nef, sont des grisailles bien dessinées et de bon goût. Ils ont été exécutés par M. Marquand-Vigel, verrier à Reims, et Gubian-Roy, à Lyon.

1° Le maître-autel, de style roman, est un don de M. Lobereau-Thierry.

2° L'autel de la Sainte Vierge est dû à la générosité de la famille Guyot (ancien huissier à Pouilly) et la grille de cette chapelle, en fonte ouvragée, a été donnée par MM. Leblond et Gros (son gendre). La statue de la Sainte Vierge, œuvre du statuaire lyonnais Cerbissole, a été offerte par M. Leblond-Leroux. Le pavé a été donné par Mlle Constance Carrière, la lampe par Mme veuve Bouheret ; les chandeliers de l'autel par M. Commerson-Grozelier.

3° L'autel de la chapelle Saint-Nicolas (ou du Sacré-Cœur) donné par M. le docteur Cunisset.

4° La chapelle Saint-Joseph était désignée comme chapelle des catéchismes.

Le clocher est formé par une tour quadrangulaire de 23 m 50 de hauteur que surmonte une flèche octogonale de 18 mètres, sans compter la croix qui se trouve ainsi à 45 mètres au-dessus de la base de l'édifice.

Cette tour est percée de fenêtres très ouvragées ; le porche, qui encadre la lourde porte en chêne avec des ferrures soignées, est formé par des arcs plein-cintre très bien sculptés.

Mgr Rivet vint faire la bénédiction solennelle de l'église, le 19 novembre 1867. « C'est (écrit-il sur les registres de la Fabrique) non seulement une fête religieuse, mais une fête de famille dont chacun gardera un profond et doux souvenir. »

A cette cérémonie assistaient, outre Monseigneur l'évêque et son vicaire général, M. Bouzerand, quatre doyens et vingt-deux curés, le conseil municipal, les fabriciens, toute la paroisse et une foule nombreuse venue des villages voisins.

Il n'y avait alors qu'une cloche, celle qui était depuis soixante-cinq ans déposée au presbytère et, l'année suivante, la pauvre cloche est fêlée. (Elle pesait 750 kilos.)

Le conseil de Fabrique immédiatement la vend et en achète une de 1.000 kilos que Mgr Rivet vient lui-même bénir, le 15 juin 1868. Le Dr Piogey, médecin à Paris, et Mlle Lucile Thierry sont parrain et marraine.

L'aménagement de l'intérieur de l'église se fait petit à petit. D'abord les bancs, bancs de chêne simples et solides, puis les boiseries le long des murs intérieurs et dans le chœur, la chaire monumentale superbement sculptée, le chemin de croix (1872), le confessionnal (1874), les fonts baptismaux et le calorifère (1878).

M. Rignault, par son testament du 25 juillet 1878, donne 2.000 francs pour l'achat d'une horloge. Cette horloge, fournie par M. Tribet, est posée en 1884.

Ainsi M. l'abbé Meurgey, en mourant le 22 janvier 1885, après vingt-six ans de dévouement dans la paroisse de Pouilly, y laissait un souvenir inoubliable. *Zelus domus Domini comedit me* (Ps. 68), pouvait-il dire avec vérité : « Le zèle de la maison du Seigneur me consume. » C'est à son activité prodigieuse que nous devons notre belle église Saint-Pierre.

M. l'abbé Duplus fut installé curé de Pouilly le 29 novembre 1885 ; bon et saint prêtre, mais déjà âgé de soixante-quatre ans lorsqu'il arriva, il n'entreprit aucun travail à l'église.

M. l'abbé Fournier en prenait possession le 9 octobre 1892, il s'y intéressa davantage :

Il ajouta trois cloches à celle placée en 1868.

Deux le 28 juin 1896, bénites par Mgr Oury, évêque de Dijon.

La plus grosse pèse 1.603 kilos, donne le *Do dièze*. La seconde 817 kilos : *Fa*. L'ancienne de 1.000 kilos donne le *Ré dièze*.

A la première ont été donnés les noms de *Marie-Louise-Emiliane-Judith* par M. Louis Doussot, son parrain, et Mme Judith Cunisset-Guidot, sa marraine.

La seconde reçut les noms de *Marie-Pétronille-Marguerite ;* ses parrain et marraine furent M. Pierre de Barbuat et Mlle Marguerite Le Reffait, châtelains de Sainte-Sabine.

L'année suivante, le 5 mai 1897, une nouvelle petite cloche pesant 457 kilos, donnant le *Sol dièze*, était bénite. Le parrain était M. l'abbé Théodore Tisserand et la marraine Mlle Mélanie Guillemard. La cloche fut dénommée *Eugénie-Théodora-Jeanne-Mélanie*.

A l'occasion de la mission de 1921, une cinquième cloche a été placée dans le clocher de l'église Saint-Pierre.

Elle complète bien l'harmonie de notre belle sonnerie : elle donne le *La dièze*.

Depuis bien des années, cette petite cloche dormait dans le bûcher de la cure. Elle méritait une place meilleure, car c'est une vieille « poillienne » ! Sur sa robe de bronze on lit la date de son baptême « 1610 ». Autrefois, elle se trouvait dans le clocheton de l'ancien hôpital de Pouilly.

Pauvre vieille, elle avait perdu sa langue... je veux dire son « battant ». On lui en a fait un tout neuf et solide !

Sa petite voix argentine un peu chevrotante, comme il convient à une aïeule, redit : « Mes chers petits enfants, souvenez-vous de la mission de 1921 ! Priez bien le bon Dieu et servez-le fidèlement. »

Aussi l'église Saint-Pierre a-t-elle une des plus belles sonneries du diocèse.

M. l'abbé Fournier dota aussi, grâce à des dons généreux, la sacristie d'un très beau meuble, ainsi que de riches vases sacrés et d'ornements de toutes sortes. Il fit placer dans l'église un second confessionnal et de beaux lustres.

Il commença aussi l'escalier monumental qui donne accès à l'église. Après lui, cet escalier fut achevé ; fut aménagé aussi le pourtour de l'église avec allées sablées, plantations de marronniers et de bosquets ; puis, dans l'église, furent placées les belles statues de bronze représentant saint Michel et Jeanne d'Arc. Enfin, le 3 mai 1913, on inaugura le grand orgue...

Aussi avons-nous maintenant ici une église élégante et riche.

Exaudiet de tempo suo vocem meam (II Reg., XII, 7). « Que le Seigneur exauce les prières que nous lui adressons dans son temple ! »

CHAPITRE V

La chapelle Notre-Dame.

Faire l'histoire de l'église paroissiale *Saint-Pierre* était facile. Il suffisait de mettre en ordre les documents relativement récents (puisqu'ils ne remontent guère au delà d'un siècle), qui se trouvent soit à la mairie, soit dans les archives de la cure et de l'ancienne « Fabrique » de Pouilly.

Pour *Notre-Dame Trouvée*, c'est plus difficile, puisqu'elle est très ancienne et peu de documents authentiques ont été retrouvés jusqu'à présent.

Cependant une *monographie* de Notre-Dame Trouvée a été publiée en 1880 par l'abbé Boudrot, aumônier de l'Hôtel-Dieu de Beaune, savant archéologue. Mais cette petite brochure d'une douzaine de pages est plutôt une description détaillée de la chapelle à cette époque qu'un document d'histoire ancienne.

Courtépée, mine extraordinaire de documents sur notre région, dit peu de choses de Notre-Dame Trouvée ; Denizot, dans son « Encyclopédie de la Côte-d'Or » est aussi très laconique ; M. de Charmasse, le savant directeur de la « Société Eduenne » d'Autun (Pouilly faisait autrefois partie du diocèse d'Autun jusqu'en 1731), n'a pu donner de renseignements très précis...

La *tradition* fournit des explications parfois contradictoires... Alors ?...

Essayons cependant de reconstruire l'histoire de notre chère Notre-Dame Trouvée.

Un fait est certain, c'est qu'il y avait autrefois deux église à Pouilly : l'une sur la butte, *Saint-Pierre*, chapelle castrale et église paroissiale ; l'autre à mi-coteau, *Notre-Dame*, chapelle de pèlerinage, construite pour conserver la statue miraculeuse très ancienne appelée depuis longtemps *Notre-Dame Trouvée*.

Partageons ce modeste travail en trois chapitres : I. La statue. — II. La chapelle. — III. Le pèlerinage.

I. — *LA STATUE*

D'après la tradition, cette statue remonte à la plus haute antiquité de l'histoire de la Gaule. M. Rossignol, sous-conservateur des archives de Dijon, prétendait qu'elle était la troisième de France par ordre de date. La plus ancienne est celle de Chartres, la seconde Notre-Dame du Puy, la troisième Notre-Dame de Pouilly.

Celle-ci aurait été apportée par les premiers apôtres de la Bourgogne, c'est-à-dire par saint Bénigne, martyrisé en 179, ou ses disciples saint Andoche et saint Thyrse, martyrisés à Saulieu à la fin du deuxième siècle... Cependant... (?)

Mais d'où vient son nom : *Notre-Dame Trouvée* ? C'est ici que la tradition donne deux versions différentes.

Voici la première :

Au huitième siècle, à l'époque de l'invasion des Sarrasins, vrais iconoclastes, cette statue, pour être soustraite à une profanation certaine, aurait été cachée par la pieuse main des fidèles dans un trou creusé profondément en terre.

Or, tous les habitants furent égorgés ou prirent la fuite, si bien que la statue fut... perdue. On se souvenait depuis cette époque que les ancêtres vénéraient une statue miraculeuse de la Vierge. Mais qu'était-elle devenue ?

Vers le milieu du onzième siècle (c'est ce que rapporte toujours la légende), un bœuf revenait toujours au même endroit brouter une touffe d'herbe repoussant constamment. Intrigué, le pâtre, accompagné de plusieurs personnes, en creusant la terre, retrouva intacte l'antique statue... d'où son nom de Notre-Dame *retrouvée* ou *Trouvée*.

Voici la seconde légende :

Les Sarrasins avaient brûlé l'ancienne petite chapelle contenant la statue de la Vierge ; quelque temps après, on retrouva parmi les décombres de l'incendie la statue qui, miraculeusement, n'avait pas été atteinte par les flammes.

Alors fut construite une nouvelle chapelle en 1060.

Laquelle de ces deux légendes est la vraie ? Aucune preuve historique et certaine n'existe actuellement.

Il semble cependant que la première reproduise trop exactement celle de *Notre-Dame d'Etang* près de Velars-sur-Ouche. N'y a-t-il pas eu confusion ? L'explication de cette confusion ne pourrait-elle pas être donnée par le voisinage de Velars, hameau de Pouilly...

Quoi qu'il en soit, la tradition ne laisse aucun doute sur ce point : cette antique et vénérable statue a été retrouvée *miraculeusement* au onzième siècle et, depuis, elle porte le nom de *Notre-Dame Trouvée*...

Notes. — 1° Mon titre d'historien me fait un devoir de noter un petit fait, qui peut donner une explication relativement à la peinture de la statue de Notre-Dame Trouvée.

Lorsque j'arrivai à Pouilly, en 1911, cette statue avait la figure noire ; une belle chape de soie blanche brodée d'or la dissimulait depuis le cou jusqu'aux pieds. Un trou dans la chape laissait passer la tête de l'Enfant Jésus.

Poussé par la curiosité, je voulus me rendre compte de l'état de cette statue et je remarquai que les figures seules avaient été noircies récemment et que, sous la chape, les vêtements de la Vierge étaient couverts de vieilles peintures, c'est-à-dire d'arabesques byzantines dorées sur fond vert très anciennes et d'un effet fort intéressant.

On m'expliqua que M. l'abbé Fournier, qui avait une dévotion particulière pour les « Vierges noires », l'avait... décorée ainsi, afin qu'elle ressemblât à Notre-Dame de Dijon ou Notre-Dame de Beaune.

Toute idée est discutable et défendable... Mais, il m'a semblé préférable de laisser à Notre-Dame Trouvée *son* cachet authentique qui, certes, a sa valeur. Alors, je l'ai débarrassée moi-même de la couche de peinture noire que j'ai remplacée par une légère couche de peinture à l'huile, couleur chair, tant pour remédier aux taches noires qui avaient pénétré le bois que pour garantir celui-ci de l'humidité. Les peintures anciennes de la robe n'ont pas été touchées.

2° Le sommet de la tête de la Vierge est plat, ce qui prouve qu'elle était destinée à recevoir une couronne. De nombreux cœurs en argent ou en or, ainsi que des croix, sont suspendus à son cou comme *ex-voto*.

3° La statue de *Notre-Dame Trouvée* n'a été classée par les « Monuments historiques » que le 20 mai 1897.

II. — *LA CHAPELLE*

De la première chapelle construite à Pouilly en l'honneur de Notre-Dame, il ne reste aucun souvenir.

Etait-elle exactement à l'emplacement de la chapelle actuelle ? Peut-être... Probablement même... mais il n'y a aucune certitude. Elle aurait été détruite au huitième siècle.

Quant à la seconde chapelle, voici ce que rapporte la tradition.

Elle a été construite vers l'an 1060. De petite dimension, elle abritait la vieille statue et occupait la partie Est, c'est-à-dire l'emplacement du chœur de la chapelle actuelle. Détruite par les Normands et incendiée, elle fut reconstruite en l'an 1200. C'est peut-être à cette époque que se serait passé le fait miraculeux de retrouver parmi les ruines l'antique statue intacte, nullement endommagée par les flammes de l'incendie ni par la chute de l'édifice.

Pendant longtemps, la chapelle aurait été appelée *Notre-Dame du Lait* ; et l'on dit (c'est l'avis de M. l'abbé Boudrot) que ce nom lui venait de ce qu'elle possédait une des reliques qu'on appelle le « *Lait de la Sainte Vierge* ».

Il est évident qu'il ne peut s'agir ici du lait virginal réel de la sainte Mère de Dieu, mais de reliques analogues à celles qu'on vénère à Reims, à Laon et en plusieurs autres lieux.

Voici l'explication donnée par M. l'abbé Cerf, chanoine de l'église métropolitaine de Reims, explication toute naturelle et parfaitement admissible (*Bulletin monumental*, n° 1, 5e série, tome VI) :

« A nos yeux, la relique du saint lait vénérée à la cathédrale de Reims *et ailleurs* n'est pas du véritable lait, ni naturel, ni miraculeux. C'est une poudre blanche provenant d'une grotte située près de Bethléem, appelée la *Grotte du lait*. Selon une tradition ancienne, Marie, voulant soustraire son divin enfant à la fureur d'Hérode, se cacha dans cet endroit : et, voyant son lait tarir, elle se serait mise en prière et son lait lui serait revenu. D'autres historiens adoptant cette version, mais avec une légère variante, voient dans cette relique de la poussière d'un rocher : Marie fuyant en Egypte, s'arrêta pour offrir le sein à son divin enfant ; une goutte de son lait serait tombée sur la terre aride et l'aurait sanctifiée... »

« Ce qui est certain, dit Mgr Mislin (*Pèlerinage à Jérusalem*), c'est que toutes les femmes des environs, juives, chrétiennes et musulmanes, ont une telle dévotion pour cette grotte qu'il y en a toujours qui viennent y faire leurs prières ».

« Comme les pierres de cette grotte sont très tendres, on en détache facilement des morceaux qu'on réduit en poussière et que l'on fait prendre aux nourrices qui manquent de lait. » (M. de Géramb).

C'est donc une relique de ce genre que possédait encore la chapelle de Pouilly au milieu du dix-huitième siècle, apportée par quelque pèlerin ou par quelque noble chevalier revenant des croisades. Cette relique fut vénérée dans la chapelle jusqu'en 1752.

L'évêque d'Autun la fit disparaître, parce qu'elle était l'occasion d'un « culte superstitieux ».

M. l'abbé Boudrot raconte dans son opuscule, qu'il remarqua « sur un des piliers contreforts quatre lettres assez grossièrement gravées et passablement frustes : A. M. C. C. qu'il considère comme le millésime de la construction ou de la consécration de la chapelle : *Anno Millesimo* (deux fois) *Centesimo*, soit : an 1200 (1). »

A cette époque, la chapelle n'avait qu'une nef. Probablement le sanctuaire en occupait environ le tiers et une

---

(1) Ces lettres A. M. C. C. sont encore actuellement très visibles sur le pilier à droite de la porte Ouest, à deux mètres au-dessus du sol.

grille très haute le fermait complètement ; des rainures se remarquent encore aujourd'hui entaillant les chapiteaux des piliers ; elles ne peuvent s'expliquer que par la présence d'une grille.

Au quinzième siècle, la chapelle fut rélargie par la construction d'une seconde nef. Et l'architecte fit un tour de force : un seul pilier central supporte les arceaux croisés de la voûte qui forme les quatre travées des deux nefs.

C'était hardi ; mais la solidité de l'édifice devait s'en ressentir et, depuis, dans les vieilles archives, on trouve souvent la preuve de réparations fréquentes.

La chapelle Notre-Dame devint *église paroissiale* de Pouilly, de 1790 à 1793 ; puis, après la Révolution, de 1802 à 1867. La chapelle de l'Hôpital était « chapelle de secours » pour la messe basse en semaine et les catéchismes. Du reste, à cette époque, l'une et l'autre étaient en fort mauvais état.

En 1897, la chapelle Notre-Dame fut classée *monument historique*, grâce aux démarches faites par M. l'abbé Fournier, et l'on commença des réparations importantes.

Les réparations entreprises sous la direction des « Beaux Arts » furent terminées en 1904. On dépensa environ 16.000 francs. La subvention des « Beaux Arts » était de 10.000 francs. Le conseil municipal vota 2.000 francs et M. le curé ajouta 4.000 francs.

A l'extérieur de la chapelle, on creusa un fossé profond, au nord, du côté des tombes du cimetière, afin de dégager la base de l'édifice qui était enterré et l'on construisit un mur de soutènement sur lequel une rampe de fer fut placée. Les piliers contreforts furent réparés avec de grosses pierres de taille. Quatre des colonnes de la grande porte sud furent refaites, mais les deux anciennes (l'une surtout en torsade remarquable) subsistent, ainsi que les jolis chapiteaux sculptés qui les surmontent.

A l'extérieur de la chapelle, à la hauteur de l'autel actuel de la Vierge, se trouve une excavation profonde dans le mur. On l'appelle « *la loge des enfants morts sans baptême* ».

La tradition rapporte que parmi les miracles attribués à *Notre-Dame Trouvée*, on citait la résurrection d'enfants morts sans baptême.

On apportait de fort loin leurs petits corps et, comme on n'avait pas le droit de les présenter dans l'église, on les plaçait dans cette niche extérieure et la légende affirme que souvent la « bonne Vierge » les ressuscitait juste pour le temps nécessaire de leur donner le saint baptême. Ils mouraient ensuite et l'on pouvait les inhumer en terre sainte.

Au-dessus de la porte ouest, on plaça un tympan trilobé très ancien, en partie rongé par le temps, et qui se trouvait précédemment au-dessus de la porte sud. Ce qu'il en reste prouve qu'il était de dimension beaucoup plus grande ; mais on fit bien de l'utiliser ainsi.

A l'intérieur de la chapelle, on fit aussi de très grands travaux : le pavage de l'église, et, sur tous les murs, le grattage des pierres reliées maintenant par des joints de ciment. Au milieu du dix-neuvième siècle, alors qu'on avait le goût du badigeon, les murs avaient été enduits d'une couche jaunâtre et, dans le chœur, de grandes peintures vulgaires et criardes attiraient les regards. On les fit disparaître.

DESCRIPTION DE LA CHAPELLE

A. — Extérieur

Trois portes y donnent accès.

Du côté sud, une petite, surmontée d'un tympan quadrilobé très finement sculpté. Il reste encore les vestiges de vieilles peintures qui font ressortir les fleurettes et les folioles en haut-relief.

Une autre grande porte s'ouvrant à deux battants (murée vers 1850, rouverte en 1904), qu'on appelait autrefois *Porte des pèlerinages*, ou *Porte de sainte Sabine*.

On ne l'ouvrait, en effet, que pour le grand pèlerinage annuel ; la procession ne faisait que traverser la chapelle. Vingt-sept paroisses avec leurs croix et leurs bannières défilaient selon un ordre déterminé et la paroisse de Sainte-Sabine devait avoir la préséance. On dit même (ceci caractérise l'esprit d'alors, on tenait tant à ses prérogatives d'honneur !) que la paroisse de Sainte-Sabine arrivait exprès en retard sur l'heure fixée, pour faire ressortir ses droits, puisqu'on ne devait ouvrir la grande porte que quand elle tenait la tête de la procession.

La troisième porte à l'ouest était la porte d'entrée ordinaire. A droite se trouve un très gros bénitier en pierre de style roman ; à gauche le banc dit *des pénitents*. C'est là, en dehors de l'église, que se tenaient les pénitents publics. Au-dessus, un portique couvert de laves.

Dans le pilier contrefort, à droite de cette porte, se trouve rivé un arc en fer très ancien. A son sujet, on a rapporté des légendes plus ou moins extraordinaires sur les pénitences rigoureuses infligées par l'Eglise. Il semble plus probable que cet arc de fer servait à maintenir les grandes croix de procession dont les dimensions rendaient l'entrée dans l'église par trop difficile à cause de l'exiguïté de la porte.

La chapelle Notre-Dame n'a jamais eu de clocher. La vieille cloche, au son argentin, est suspendue en plein air, au sommet du fronton de l'édifice, sur cinq grosses pierres. Ce qui fait dire que Notre-Dame a un clocher de cinq pierres (et non de saint Pierre).

Deux fenêtres ogivales éclairent la seconde nef. Elles déparent l'unité du monument qui est roman, d'autant plus que les vitraux sont modernes et très médiocres.

Deux longues et étroites fenêtres dans le chœur et deux autres dans la première nef (toutes quatre romanes) sont fermées par des carreaux blancs. Puissent-elles prochainement recevoir de beaux vitraux.

La chapelle Notre-Dame est entièrement couverte en laves ; la voûte qui a presque un mètre d'épaisseur est en tuf.

B. — Intérieur

Il est évident que ce qu'il y a de plus remarquable et même de plus vénérable est l'*antique statue de Notre-Dame Trouvée*. L'autel au-dessus duquel elle se trouve a été fait par M. Schanoski, l'artiste sculpteur de Dijon ; M. l'abbé Fournier le lui avait commandé et lui avait procuré de vieux panneaux d'un buffet ancien du seizième siècle donnés par Mlle Maitre. Cet autel est d'un goût parfait.

« La *chaire à prêcher* (dit l'abbé Boudrot) mérite d'être signalée, malgré ses proportions modestes et l'aspect disgracieux que lui donne le manque de couronnement. Elle est de forme hexagonal, fort étroite, et une simple échelle de meunier, qui lui sert d'escalier, fait un singulier contraste avec la riche et fine sculpture des cinq panneaux et du dossier qui la composent.

Ce dernier est orné d'une magnifique rosace sculptée en plein bois et avec une richesse de dessin que nous ne retrouvons même pas sur les magnifiques bahuts conservés au musée de l'Hôtel-Dieu de Beaune.

Quatre panneaux, sur les cinq formant la caisse de la chaire, sont divisés chacun en quatre compartiments ; l'artiste a sculpté alternativement une serviette à quatre plis et une de ces baies flamboyantes dont le type est emprunté aux grandes fenêtres des églises du quinzième siècle.

Le panneau central a pour ornementation une baie flamboyante. Il porte au milieu un écusson sur lequel est sculpté le nom du donateur en lettres gothiques : COMEAU.

Cette chaire à prêcher est peut-être l'unique spécimen en Bourgogne d'une chaire sculptée en bois dans le style du quinzième siècle.

Le Saint Sépulcre porte la date de 1521. Il était autrefois dans l'ancienne église Saint-Pierre (sur la butte) ; il a été porté à Notre-Dame après la destruction de l'église par l'incendie de 1790. C'était un don de N. Boyau, bourgeois à Pouilly.

Avec les « mises au tombeau » de Semur-en-Auxois, de Châtillon-sur-Seine et de Chaumont (Haute-Marne), celle de Pouilly-en-Auxois forme une très belle collection de ce genre de monuments pour notre région.

Ici, le corps du Christ, presque grandeur naturelle, très bien modelé, les figures de Nicodème et de Joseph d'Arimathie graves et pieuses, la Vierge presque évanouie par la douleur et soutenue par deux femmes dont l'une surtout a la physionomie contractée par l'angoisse, sainte Marie-Madeleine les yeux levés vers le ciel tenant l'urne des aromates, saint Jean, en pleurs, avec un linge devant sa bouche... le tout forme un groupe impressionnant.

Auprès du tombeau, deux gardes endormis sont assez mutilés ; est-ce par la chute de l'ancienne église ? Est-ce par acte de vandalisme au moment de la Révolution alors que certains énergumènes brisaient les statues religieuses ?... Est-ce maladresse quand on transporta le monument ?... Une grille de fer le protège actuellement ; elle a été placée par les soins de M. l'abbé Fournier.

Au-dessus du « Tombeau », sur une console, trois anges portent les insignes de la « Passion ». Ils ne faisaient pas partie de l'œuvre de N. Boyau ; mais ils complètent le monument. Ils furent placés là en 1914, en même temps que les autres statues de pierre qui ornent la chapelle.

Ces statues dont la plupart viennent probablement aussi de l'ancienne église Saint-Pierre, étaient disséminées un peu partout ; quelques-unes placées auprès du sépulcre, d'autres dans les combles de la chapelle ; deux autres se trouvaient dans le bûcher du presbytère.

Quelques-unes étaient peintes, mais de couleurs grossières, exécutées au milieu du siècle dernier et les peintres (un plâtrier et un peintre en voitures) n'avaient pas ménagé la peinture (!), si bien que sous l'épaisse couche coloriée disparaissaient les fines ciselures. Toutes ces statues furent lavées à la potasse avec des brosses, de sorte que rien ne fut détérioré. Du reste, à part une seule (le Christ ressuscité dont les mains sont cassées), elles sont en bon état.

Les statues sont toutes en pierre dure. Quelques-unes sont fort belles, en particulier : sainte Marthe et la « Tarasque », saint Nicolas et une (des deux) sainte Barbe (dans le chœur), ainsi que « Notre-Dame de Pitié » (près de l'autel de la Vierge).

Elles ont été toutes classées comme « monuments historiques » en 1921.

A signaler, derrière le maître-autel, un grand tableau représentant la sainte Famille, assez bien peint, sans signature ; ce doit être une copie d'un tableau de maître qui rappelle le genre « Mignard ».

Dans la chapelle de la Vierge se trouve aussi un triptique de peinture assez médiocre. C'est un calvaire. Notre-Seigneur en croix, la Sainte Vierge et saint Jean ; à droite et à gauche, saint Pierre et saint Jean-Baptiste.

Au revers, sur les panneaux mobiles, on voit la Sainte Vierge tenant l'Enfant Jésus et un évêque bénissant le donateur et sa petite fille. Sur ce tableau est écrit :

« Claude Pelletier et Jeanne Mortaine, sa femme, ont fait faire ce... (tableau ?)
» Priez pour eux. — 1620. »

Enfin, des ex-voto dont le nombre s'accroît d'années en années, prouvent la dévotion et la reconnaissance envers notre miraculeuse *Notre-Dame Trouvée.*

III. — *LE PÈLERINAGE*

De temps immémorial, la chapelle Notre-Dame de Pouilly est un lieu de pèlerinage. Près d'elle, on a retrouvé des tombes mérovingiennes, ce qui prouve qu'il y a bien des siècles des chrétiens (probablement de marque) se faisaient enterrer à son ombre.

Comme cette chapelle était beaucoup trop petite pour recevoir les pèlerins, on éleva au quinzième siècle un monument en pierre peut-être unique en France, composé d'une croix, d'un autel et d'une chaire à prêcher. Le lieu était bien choisi : un tertre en face la colline qui forme amphithéâtre et sur laquelle les pèlerins massés pouvaient bien voir l'office et bien entendre la prédication.

Naturellement, ces pèlerinages ont eu des alternatives de ferveur et d'oubli pendant le cours des siècles.

Sans remonter bien loin (car les documents sont rares), il est facile de rappeler les souvenirs d'un demi-siècle.

M. l'abbé Meurgey, dans des notes particulières, raconte qu'il avait fait le vœu, s'il réussissait dans son entreprise de construire une église paroissiale à Pouilly, de rétablir au plus tôt le pèlerinage de *Notre-Dame Trouvée.*

Aussitôt après la guerre de 1870, lorsque le territoire français fut évacué par les Allemands, le bon curé tint sa promesse.

Le premier mercredi de mai 1872 eut donc lieu le premier grand pèlerinage sous la présidence de M. l'archiprêtre de Beaune.

En 1881, Monseigneur l'évêque ayant établi l'« adoration perpétuelle » dans son diocèse, M. l'abbé Meurgey demanda et obtint que le premier mercredi de mai, chaque année, soit réservé à Pouilly et que cette fête eucharistique eût lieu à Notre-Dame.

La fête était précédée d'un *triduum* préparatoire.

Un prédicateur donnait deux sermons par jour, le matin à la messe et le soir vers la tombée de la nuit. Il aidait le curé dans les confessions qui étaient toujours nombreuses.

Le jour du pèlerinage, une première messe était célébrée à Notre-Dame à 6 heures, une seconde à 7 heures avant laquelle le Saint-Sacrement était exposé. On partait de l'église Saint-Pierre en procession vers 9 heures et demie pour la grand'messe. L'après-midi, les vêpres étaient chantées à 3 heures. Enfin, à 7 heures et demie, la cérémonie du soir était fort belle avec une illumination toujours magnifique.

Le dimanche précédant la fête, on distribuait à domicile des « billets de visites au Saint-Sacrement » pour fixer « *l'heure d'adoration* » de chacun. De sorte que certaines personnes faisaient quatre ou cinq fois le chemin de Notre-Dame ce jour-là.

Le jour de cette fête était ordinairement aussi celui choisi pour la « *seconde communion* » des enfants et la « *distribution des saintes huiles* » aux curés du doyenné. C'était assez... compliqué ! Aussi M. l'abbé Duplus, à partir de 1887, scinda les fêtes. Le premier mercredi de mai resta réservé au pèlerinage *Notre-Dame Trouvée* et à la « distribution des saintes huiles » ; l'adoration perpétuelle se fit au jour marqué par l'évêché et à l'église Saint-Pierre.

Petit à petit, le *pèlerinage* devint moins important, des villages voisins on ne vint plus guère... Pour le réveiller, de grandes fêtes furent organisées en 1912. Mgr Monestès vint à Pouilly donner le sacrement de confirmation, le 29 avril. Le lendemain avait lieu un *congrès marial* à la « salle des œuvres ». Matin et soir, il y eut des réunions avec *rapports* et discussions sur les « œuvres de jeunes filles ». On y était venu de fort loin et, par groupes, on logea « chez l'habitant ».

Le 1er mai (c'était un *jeudi*) eut lieu un grand pèlerinage à *Notre-Dame Trouvée*, comme il n'y en avait pas eu depuis fort longtemps.

Les rues étaient magnifiquement décorées de drapeaux et d'oriflammes, les maisons étaient reliées par d'innombrables guirlandes de mousse, de verdure, de fleurs. Deux arcs de triomphe, l'un à la sortie de Pouilly (au puits V), l'autre aux « Rues basses », traversaient la route.

La statue miraculeuse, descendue à l'église Saint-Pierre la veille, fut reportée dans son sanctuaire par les « enfants de Marie » en blanc, escortée des bannières des villages voisins et suivie d'une foule d'environ 1.200 personnes en procession.

La chapelle Notre-Dame était certainement trop petite pour contenir tant de monde ; aussi, la grande porte sud avait été laissée ouverte et une tente de 80 mètres carrés formait comme une nef supplémentaire et abritait une partie des pèlerins.

Mgr Monestès fit lui-même le discours à la grand'messe célébrée avec diacre et sous-diacre.

L'après-midi, les vêpres furent chantées à l'église Saint-Pierre archicomble de personnes pieuses et recueillies ; et, le soir, une grandiose illumination extérieure de l'église clôtura les fêtes.

Depuis, le pèlerinage à Notre-Dame Trouvée se fait toujours le premier jeudi de mai et souvent Monseigneur l'évêque, en tournée de confirmation, daigne le présider.

Alors, la cérémonie de la confirmation a lieu le matin et le pèlerinage, l'après-midi.

Pendant la grande guerre, combien de paroissiennes de Pouilly aimaient à recommander à notre Vierge miraculeuse les chers absents ! N'est-ce pas à son intervention bienveillante que beaucoup de nos soldats durent leur préservation ?...

Qu'elle daigne nous favoriser toujours de sa toute-puissante protection en récompense de notre persévérante piété envers elle.

CHAPITRE VI

L'hôpital de Pouilly.

On donnait autrefois souvent le nom d'HOPITAL à certaines maisons de refuge pour les voyageurs et les pèlerins. Par exemple l' « Hôpital » de Châteauneuf au pied de la montagne. L'hôpital de Pouilly a toujours été un *hôpital de malades*.

Le local (actuellement la maison Robin) avait été donné par le comte d'Armagnac au dix-septième siècle.

Il y avait aussi à Pouilly un autre hôpital aux « Rues basses », fondé en 1610 pour les maladies contagieuses et surtout la lèpre : la *Maladrerie* ou la *Maladière*, dont il reste encore des vestiges.

Or, un grand parchemin avec d'énormes sceaux de cire verte est conservé dans les archives de l'hôpital actuel. Ce sont des « lettres patentes » de Louis XIV portant le transfert des biens de la *Maladière* à *l'Hôpital des pauvres malades*. Il y est écrit :

« ...Incorporons à l'Hôpital des pauvres malades de Pouilly-en-Auxois les biens et revenus de la Maladière pour en jouir du 1er juillet 1695 et être employés les revenus à la nourriture et l'entretien des pauvres malades de l'hôpital, à la charge de satisfaire aux prières et services de fondation dont peut être tenue ladite Maladière...

Signé : » LOUIS, la 54e année de notre règne.

» Le 9 décembre 1696. »

D'autres « lettres patentes » du roi Louis XV, datées du mois d'avril 1722, accordent à l'Hôpital de Pouilly des privilèges spéciaux et mentionnent en particulier « les libéralités du seigneur de Créancey ».

« 1° L'établissement dudit hôpital en la ville de Pouilly, voulons qu'il soit à perpétuité sous notre protection et sous celle des roys nos successeurs, pour qu'il ne puisse dépendre de notre grand aumônier.

» 2° Permettons aux administrateurs dudit hôpital d'accepter tous dons, legs et gratifications en faveur de l'hôpital.

» 3° Voulons que ledit hôpital jouisse de l'exemption de tous droits d'amortissement et d'enregistrement, huitième denier, ban et arrière-ban, qui pourraient nous appartenir, soit à cause des maisons, bâtiments, soit à cause des terres, domaines et herbages, etc.

Signé : » LOUIS, la 7e année de notre règne. »

Or, le testament olographe de Nicolas Commeau, seigneur de Créancey, remis à Claude Garreau, notaire royal et administrateur de l'hôpital, contenait un legs au profit de l'Hôpital de Pouilly : c'était « une maison avec le jardin joignant », et, en plus, une rente de 60 livres par an (27 juin 1727). Cette maison était à l'emplacement de la poste actuelle ; elle fut pendant environ soixante-dix ans le *presbytère*, au dix-neuvième siècle. Le jardin se trouvait entre les deux maisons appartenant à l'Hôpital.

L'hôpital se composait de deux bâtiments consécutifs d'inégales dimensions.

Le premier, de 48 pieds de longueur sur 27 de largeur, était divisé en trois portions par deux murs de refend. La première pièce (sur la grande rue) servait de chambre aux hospitalières ; la seconde, aux malades ; la troisième était une partie de la chapelle. Celle-ci était, en effet, formée par le tiers du premier bâtiment et par le second en entier, lequel était plus étroit (21 pieds) et moins haut. Il avait 32 pieds de longueur.

Le premier bâtiment a un grenier au-dessus du rez-de-chaussée, il est couvert en lave. Un petit clocheton le surmonte, qui contenait autrefois une cloche (celle qui fut placée en 1922 à l'église Saint-Pierre).

Le second bâtiment, modifié depuis et transformé actuellement en atelier de serrurerie, formait un « berceau » garni de « lambris » et était couvert en tuiles.

C'est cette chapelle qui servit pendant quatre-vingts ans de « chapelle de secours », depuis l'incendie de l'ancienne église Saint-Pierre jusqu'à la construction de l'église actuelle.

Le 14 mars 1859, l'administration de l'hôpital vendit l'immeuble à la commune de Pouilly, qui en fit l'école des filles. Il fut acheté le 30 mai 1897 par M. Fondard, puis le 23 mars 1900 par M. Robin.

Un nouvel hôpital avait été construit dans de bien plus vastes proportions en 1845 pour recevoir les pauvres malades.

L'hôpital était dirigé par une commission de cinq membres choisis parmi les notables de la ville et nommés par le gouverneur de la Bourgogne. Il y avait un président, un secrétaire et un trésorier ou économe.

On retrouve sur la liste des « administrateurs » les noms des plus anciennes familles de Pouilly : Nicolas Monfils,

Claude Dupont, François Billard, Pierre Cunisset, Bidault, Bouhier, Truc, Bouheret, Mercey, Sautereau... Pour guider le gouverneur dans le choix de ces administrateurs, on indiquait leur profession (notaire, propriétaire, curé...), leur fortune et leurs revenus...

Ces fonctions étaient sans aucune rétribution. Il en était de même pour celles des médecins ou chirurgiens. Cependant, on leur remboursait « les frais de médication ».

Citons : Claude Bonnouvrier, Armand Bochot, Culnet..., qui avaient le titre d' « *officier de santé* ».

L'administration était même très sévère pour le contrôle des dépenses.

Ainsi, le 16 juillet 1820, la commission trouve « exorbitante » la somme de 258 fr. 95 réclamée par M. Culnet comme « frais de médication » pour un an (!). Très désintéressé, le chirurgien fait don totalement de cette somme à l'hôpital.

Les malades étaient soignés par une « servante des pauvres ». Dès le début, le service est gratuit ; puis, comme traitement, on lui donne « le logement, 18 livres d'argent au premier, ce n'est guère pratique pour des impotents

En 1775, le traitement est porté à « 72 livres payables par quartiers ».

En 1782, la « servante des pauvres » reçoit 200 livres ; puis, en 1787, 250 livres, mais à charge de blanchir le linge de l'hôpital.

Nous trouvons dans les archives le nom de ces personnes dévouées, qui acceptaient de soigner les pauvres malades avec des traitements bien minimes, ou même gratuitement, comme Marie Guichot, Marie Pelletier, Jeanne Pidard, Antoinette Matéau, Jacquette Coliard. On leur donnait seulement « le couvert ». La première rétribuée fut Louise Laprée, du hameau de Saizerey, qui remplaçait Catherine Gendrot ; celle-ci « ne pouvait plus continuer son charitable office, à cause de son grand âge et de ses infirmités ».

Puis, ce fut Gabrielle Collot (10 juillet 1782), d'Arnay-le-Duc. Elle se retire en 1792, parce que « avec son modeste traitement, elle ne peut se nourrir et en plus chauffer, éclairer l'hôpital, blanchir et raccommoder le linge des malades... » et « elle trouve un hôpital où on lui fait un sort plus considérable ».

Claudine Taquenet (si peu instruite qu'elle sait à peine écrire et signe « Taquenaiet ») lui succède.

Et cependant le traitement est ramené à 150 livres (an V), puis relevé à 200 livres (8 nivôse an XI).

L'hôpital n'est pas riche en effet. Pour s'en convaincre, il suffit de jeter un coup d'œil sur les comptes rendus dans lesquels se trouve l'énoncé des ressources et des dépenses, surtout s'il y a quelques réparations urgentes à faire. Par exemple : « La maison des pauvres est absolument en ruine, les murs sont lézardés, la charpente est rompue, les chambres sont très humides. » Lazare Mercey, maître-charpentier à Bellenot, est chargé de faire un devis qui monte à 1.500 livres.

Mais ce qui prouve encore davantage la pauvreté de l'hôpital, ce sont les inventaires.

Le 20 septembre 1736, Jean-Baptiste Silvestre, greffier de la baronnie de Pouilly et châtellenie de Bellenot et dépendances, sur réquisition de Mr Claude Garreau, notaire royal, bailli dudit Pouilly, administrateur de l'hôpital, fait un inventaire :

« Une crémaillière, un chenet, une mauvaise pelle, trois petits pots de fer avec un seul couvercle, un mauvais poillon d'airain... trois serviettes, cinq draps de toile, douze serviettes de différentes façons, six chemises servant à l'usage des femmes, cinq mauvaises coiffes de femmes presque usées, un mauvais traversin, deux lits de plume, trois mauvaises couvertures », etc.

En 1768, un autre inventaire est dans le même genre :

« Huit chemises à l'usage des femmes, douze chemises à l'usage des hommes, trois camisettes, vingt-quatre coiffes dont six n'ont plus de fond », etc.

En 1782, c'est un peu meilleur :

« Treize chemises d'homme, vingt-huit chemises de femmes, trente-six coiffes, six jupons... quatre bois de lit garnis de leur paillasse (trois pour les malades et un pour l'infirmière), trois rideaux de tapisserie de Maschaux, une couverture de laine blanche pour chacun des lits ; une mauvaise couverture de laine verte et une toile peinte en jaune pour le quatrième lit seulement », etc.

En 1821, Claudine Tacquenet, servante des pauvres malades à l'hôpital de Pouilly depuis vingt-huit ans, à cause de son grand âge et de ses infirmités, surtout de sa grande surdité, bien qu'elle se fasse aider (à ses frais) par une de ses nièces, demande à se retirer et, comme elle est sans aucune ressource, elle prie les administrateurs de l'hôpital de lui accorder un modeste secours sa vie durant.

Pour reconnaître le dévouement de cette bonne personne, la commission de l'hôpital lui vote une subvention annuelle de 100 francs, puis demande deux religieuses à la « Maison de la Providence » de Portieux.

La communauté leur envoie Dames Libert-Marchal et Delacroix ; puis, en 1827, Thérèse Richard, remplacée par Françoise Forestier, Rose Robert, Victoire Aubertin (1836), etc.

A cette époque, l'administration de l'hôpital se composait de :

MM. Viot, maire ; Louis Dupont, cultivateur ; Jean Mercey, propriétaire ; Gérard Sautereau, juge de paix ; Pierre Cunisset, maréchal ; Pierre Peutat, receveur de l'enregistrement, et Nicolle, curé. (Le curé faisait toujours partie de la commission de l'hôpital.)

Nous trouvons successivement leurs noms comme administrateurs de l'hôpital : MM. Donet (qui devint curé d'Arnay-le-Duc) ; Vallon, mort en 1825 ; Motton (nommé curé de Nuits, 1829) ; Gagnereau (1837).

Puis, MM. Noireault, greffier de la justice de paix (1832) ; Lacordaire, ingénieur en chef (1833) ; Meurgey, notaire (1836) ; Follot, médecin de l'hôpital depuis 1827 (1836) ; Collin, ingénieur (1838) ; Lardillon, propriétaire (1841) ; puis Drouhin, maire (1848) ; Jacques-Pierre Cunisset (1849) ; Meurgey, curé (1859) ; Thomas (1866) ; Carrière (1868) ; Perrotte (1870) ; J.-Martin Leblond et G. Tainturier (1873) ; Delaborde, Larmonier (1873) ; Rignault, Doussot, notaire (1874) ; docteur Gagey, Gros, Leblond (1878) ; Febvre (1879) ; E. Cunisset (1884) ; Vernisio (1890) ; Chardenot (1894) ; Dubois, maire (1887 à 1895) ; Jean-Baptiste Mercey (1892) ; Vaillard (1896) ; Lignier (1904) ; Coquillon (1905) ; Devanne (1908) ; Maret (1909) ; Marsigny (1910) ; Berland (1911) ; Voizot (1912) ; Bligny (1912) ; Rocault (1919)...

(Cette longue liste rappelle les noms de tous ceux qui, depuis un siècle, se sont dévoués à l'œuvre si bienfaisante de l'hôpital de Pouilly...)

Depuis 1821, des religieuses se consacrent au service des malades. Six médecins se sont succédé pendant ce temps : MM. Culnet, Follot, Cunisset, Gagey, Voizot, Grozelier.

Il y a cent ans, l'hôpital était bien modeste, c'était un pauvre hôpital pour les pauvres malades. Quand les premières religieuses arrivèrent, le mobilier est si sommaire qu'elles ne trouvent même pas une armoire pour placer leurs effets... si bien qu'on décide d'en acheter une.

Voici la délibération du 18 novembre 1821 : « Considérant qu'à l'époque où les *sœurs de la Providence* sont entrées à l'hospice, elles n'y ont trouvé que les objets mobiliers strictement nécessaires pour le service des malades, que le surplus du mobilier qui servait précédemment à cette maison avait toujours été fourni par les anciennes hospitalières à qui il appartenait et qui l'ont emporté en sortant, à l'exception de la dernière qui, voyant l'embarras où ses remplaçantes se trouvent pour serrer leur linge, leur laissa provisoirement une armoire qu'elle réclame et qu'il est juste de ne la pas priver plus longtemps... décide à l'unanimité l'achat d'une armoire... »

De fait, on achète celle de Claudine Tacquenet, estimée 48 fr. 35.

On se met même en frais pour d'autres achats déclarés absolument nécessaires : douze paires de draps ; des rideaux ; trois matelas pour 135 francs et six chaises pour 9 francs ; un poêle et ses tuyaux : 30 francs ; deux fauteuils pour 4 fr. 50...

Les générosités ne s'arrêtent pas. Oh ! non. On achète même une feuillette de vin et 125 bouteilles, « afin que ce vin acquérant de la qualité favorisât le rétablissement des malades et coûtât moins cher ».

Auparavant on achetait le vin au litre et même très peu : ainsi, pendant un semestre de 1821, 19 bouteilles de vin à 0 fr. 35...

Les autres provisions sont dans des proportions analogues.

Pendant le même semestre, on a acheté pour 53 fr. 80 de pain (à 0 fr. 35 le kilo), pour 41 fr. 10 de viande (à 0 fr. 60 le kilo) et pour 31 fr. 75 de beurre et d'épicerie ; 100 poires pour 1 fr. 60. Le sel coûtait 0 fr. 25 la livre et les œufs 0 fr. 25 la douzaine.

Le menuisier fournissait un cercueil pour 3 francs et le fossoyeur était payé 1 franc.

Ce n'était pas la « vie chère » !

Tout était dans les mêmes proportions. Ainsi, l'hôpital paie 5 fr. 25 au sieur Bénigne Bochot, cultivateur à Velars, « pour le tirage et le charroi de trois tombereaux de sable » ; le ramonage des cheminées coûte 0 fr. 30 ; on remplace deux carreaux pour 0 fr. 55, etc.

En 1821, il y a eu vingt-six malades à l'hôpital ; deux y sont morts. En tout 830 journées.

Les ressources de l'hôpital étaient modestes : les rentes et fermages produisaient 384 fr. 50. La maison donnée par M. Comeau (emplacement de la *poste* actuelle) était louée à la commune pour servir de presbytère, 300 francs. Avec les autres ressources, on avait un budget de 1.200 à 1.300 francs.

Mais, à cause des legs et des dons successifs, ce budget s'arrondit progressivement, surtout depuis 1880 ; il était alors de 3.000 francs environ. En 1890 : 3.876 francs. En

1900 : 4.800 francs. En 1910 : 7.923 francs. En 1920 : 14.600 francs. En 1922 : 22.000 francs.

Au commencement du dix-neuvième siècle, l'hôpital de Pouilly n'avait que quatre lits pour les malades.

Au moment de la construction du tunnel du *canal de Bourgogne*, on bâtit un « hôpital temporaire » (actuellement la maison de M. le docteur Voizot) uniquement pour les ouvriers.

Quant les travaux du canal furent terminés, les administrateurs de cet hôpital provisoire (MM. Jacques Follot, médecin, Louis Cuvelier et Pierre Drouhin) proposèrent de verser à l'hôpital de Pouilly l'excédent des recettes, c'est-à-dire environ 6.000 francs, à condition que trois lits soient mis gratuitement à la disposition des ouvriers du canal : deux pendant trois ans et le troisième à perpétuité.

Une ordonnance royale, signée de Louis Philippe, donne l'autorisation nécessaire pour l'acceptation, le 23 août 1836.

Cependant, l'hôpital était évidemment trop petit. Les administrateurs proposent, en 1834, d'en construire un autre à la place de celui qui existe.

Il aurait un premier étage formant une grande salle (de 25 pieds de longueur sur 18 de largeur), divisée par un carrelage en deux parties égales qui contiendraient, d'un côté, quatre lits pour les hommes et de l'autre, quatre lits pour les femmes.

Le rez-de-chaussée serait aménagé en logement et en magasin dont la location procurerait un revenu appréciable. On agrandirait aussi la chapelle. Comme ressources on possède les 6.000 francs de l'hôpital du canal, on vendait pour 8.000 francs de titres de rente et une échéance prochaine fait prévoir la rentrée de 9.000 francs.

Mais le 24 mars 1837, on discute de nouveau ce projet qui n'est pas sans avoir de graves inconvénients :

Frappé d'alignement, le nouvel hôpital perdait du terrain. Il serait en bordure d'une route très passagère, et le bruit de la rue incommoderait les malades. Une salle et une demi-mesure de bled par mois ».
et pour le service. Enfin, il n'y a pas de jardin !

On propose alors d'acheter un clos de 39 ares 45 centiares que M. de Charodon offre de vendre à bas prix : 1.275 fr. 55.

Mais le conseil municipal consulté ne donne pas un avis favorable, disant que la construction nouvelle entraînerait à des dépenses considérables : au moins 30.000 francs.

La commission de l'hôpital plaide de nouveau en faveur de son projet et prouve qu'elle aura les ressources nécessaires. Enfin, autorisation est donnée et l'hôpital est construit en 1840.

A ce moment, l'administration était composée de MM. Grozelier, maire, Gagnereau, curé, Chrétiennet, juge de paix, Bidault, Lardillon, Follot, médecin.

On essaie alors, en 1841, de vendre aux enchères publiques les bâtiments de l'ancien hôpital ; mise à prix : 18.000 francs. On ne trouve pas d'acquéreur. Mais la commune loue le presbytère 275 francs et M. Briottet loue les autres bâtiments 120 francs par an.

(La commune devait acheter ces immeubles en 1859 pour la somme de 12.000 francs.)

La supérieure des religieuses est sœur Germaine Dubief en 1842 ; sœur Rosalie lui succède en 1844.

Mais, le 6 février 1845, l'administration de l'hôpital faisait un nouveau contrat avec les *sœurs de Saint-Joseph de Cluny*.

Voici les articles principaux :

ART. 1er — Les sœurs de Saint-Joseph de Cluny, qui se dévouent tout à la fois au soin des malades et à l'instruction des jeunes filles, seront chargées du soin des malades à l'hôpital de Pouilly ; il leur sera loisible d'instruire les petites filles qu'on leur confiera, attendu que les bâtiments sont assez vastes et que les enfants n'auront aucune communication avec les malades. Elles seront au nombre de trois. Si ces dames reçoivent des enfants, l'une d'elles sera particulièrement chargée de la classe d'une manière légale et le nombre des sœurs augmentera si le besoin de la classe l'exige.

ART. 8. — Il sera fourni à chaque sœur une chambre à coucher avec un lit garni de rideaux, sommier, matelas, traversin, draps, couvertures.

Elles seront chauffées et éclairées en commun aux frais de l'hôpital.

La classe sera chauffée et éclairée à leurs frais.

ART. 9. — Il leur sera donné pour toutes une somme de 500 francs pour leur nourriture et leur vestiaire, etc.

Une des religieuses fait donc la classe aux fillettes au rez-de-chaussée, tandis que les deux autres soignent les malades au premier étage... pendant huit ans.

Le 7 octobre 1853, on supprime l'école, d'abord parce que les fondations de lits augmentent, ensuite à cause des inconvénients du voisinage des malades près des enfants, ce qui peut être un véritable danger dans le cas de maladies contagieuses ou d'épidémie.

On aménage une autre école dans les bâtiments de

l'ancien hôpital et l'on s'adresse à la communauté des sœurs de la *Providence de Vitteaux* pour avoir deux religieuses pour le soin des malades.

Un traité est signé, le 2 novembre 1853 : « Les 2 sœurs seront nourries, blanchies, chauffées et éclairées aux frais de l'hôpital ; elles recevront chacune un traitement de 100 francs par an. » (Elles recevraient 150 francs en plus si leur vestiaire et leur nourriture étaient à leur charge).

Elles devraient de plus visiter les malades pauvres à domicile.

Une troisième sœur est nécessaire en 1864 : elle reçoit également un traitement de 100 francs par an.

Sœur Emérite Barbier fut supérieure de 1853 à 1889 ; sœur Saint-Damien la remplace de 1890 à 1915, puis sœur Marie-Aurélien, à partir de 1915. Une quatrième religieuse est demandée en 1902 et le traitement annuel est fixé à 200 francs pour chacune d'elles, puis à 300 francs, à partir de 1912. C'est que le nombre des malades augmente progressivement :

Ainsi, en	1902, il y eut	1198 journées
—	1905 —	1622 —
—	1906 —	1800 —
—	1909 —	1616 —
—	1913 —	2114 —
—	1920 —	4943 —

Pendant la guerre, en 1914 et 1915, l'hôpital de Pouilly fut très généreux : vingt-trois lits ont été mis à la disposition du « service de santé » de la 8e région, sans compter vingt lits dans la « salle des œuvres ».

La chapelle de l'hôpital a été construite en 1861 et bénite le 17 octobre, sous le vocable de *saint Vincent de Paul.*

La même année, on construisit aussi le bûcher et la buanderie.

En 1901 furent construites la salle de bains et la salle d'opérations ; en 1902, le calorifère à eau chaude ; puis, ce fut l'achat d'un appareil à désinfecter, des lits de fer, d'instruments de chirurgie, d'appareils pour les fractures de membres, etc.

L'hôpital se modernise petit à petit. Il a belle allure au milieu de ses grands arbres et les malades y sont bien soignés grâce au dévouement des médecins et des religieuses, à la sage direction de MM. les administrateurs et à la générosité des bienfaiteurs.

LES FONDATIONS DE L'HOPITAL

1° Le premier fondateur est le COMTE D'ARMAGNAC, seigneur de Pouilly, au dix-septième siècle ; il donna le premier bâtiment de l'hôpital (la maison Robin actuellement).

Puis les « biens » de l'Hôpital de la Maladière furent incorporés à l'Hôpital des Malades par une ordonnance de Louis XIV, en 1696.

2° MARIE GUICHOT, servante des malades à l'hôpital de Pouilly, légua à celui-ci, le 7 janvier 1719, un pré contenant *six quartiers*, au finage de Velars-les-Pouilly, lieu dit « aux Sauces Masson », son lit garni, son armoire avec une demi-douzaine de chemises et une demi-douzaine de livres... « à la charge de faire dire une *messe basse* chaque année et à perpétuité à tel et semblable jour que celui de son décès ».

3° NICOLAS COMEAU, le 27 juin 1727, « donne à perpétuité la somme de *soixante livres* par an à l'hôpital de Pouilly pour la nourriture des pauvres malades... Je donne encore *la maison et le jardin* qui le joint avec ses dépendances, par moi acquises du sieur Borromée, à l'intention qu'elle serve de logement à un chapelain dans le cas où l'hôpital en aurait un. (Cette maison était à l'emplacement de la *poste* actuelle et a servi de presbytère de 1802 à 1874.) A condition que les administrateurs de l'hôpital feront dire à perpétuité, le jour de mon décès, une *grande messe de Requiem* pour le repos de mon âme et payeront la *bénédiction* qui doit se donner le troisième dimanche de chaque mois et le jour de saint Nicolas. »

Ce Nicolas Comeau de Créancey, écuyer, charge son héritier particulier, « l'aîné des fils de son neveu de Créancey, lieutenant du roy en Bourgogne », d'exécuter cette charge.

Celui-ci revendique le droit de nommer, à l'exclusion des habitants de Pouilly, les administrateurs de l'hôpital. De plus, il demande que les administrateurs l i rendent compte tous les deux ans de l'emploi qu'ils ont fait des revenus.

Un « arrêt » du parlement de Bourgogne, en date du 1er décembre 1732, accorde l'autorisation à l'héritier Comeau de Créancey de nommer les administrateurs et directeurs conjointement avec eux et ceux-ci « lui donneront parmi eux une place distinguée aux réunions ».

4° JEAN BERTRAND, « après avoir remercié Dieu des biens qu'il lui a donnés, veut et entend que sur les revenus de son domaine de Pouilly, il soit prélevé chaque année une somme de *cent livres* à perpétuité, au profit de l'hôpital de Pouilly », à charge de célébrer tous les lundis et jeudis de chaque semaine à perpétuité une messe basse dans la chapelle de l'hôpital et, chaque année, deux grandes messes de *Requiem* avec un *Libera* à la suite dans l'église Saint-Pierre de Pouilly...

» Le droit de nommer ou choisir un chapelain appartiendra, suivant l'intention du testateur, au sieur Sautereau et, à son défaut, à D^lle^ Bertrand, veuve de François Crépey et, après elle, à ses enfants. » (7 avril 1739.)

5° Le 14 septembre 1739, Françoise Guiller, veuve d'Estienne Michaut, pêcheur à Heuilley-sur-Saône, remet *cent livres* à Charles Sautereau, conseiller du roi, grenetier au grenier à sel de Pouilly, économe de l'hôpital, « et payées en bonnes espèces d'or et d'argent... ladite somme pour être placée à cours de rente au denier vingt ou même plus fort si faire se peut ». La somme de cinq livres de rente sera employée pour faire célébrer dans la chapelle de l'hôpital une grande messe, le jour de la solennité de la fête de sainte Françoise, sa patronne, c'est-à-dire le 9 mars de chaque année, et en plus trois messes basses qui seront célébrées les lendemains des fêtes de l'Annonciation, de la Purification et de l'Assomption de Notre-Dame.

6° Anne Moissenet, veuve de Jean Garreau, marchand à Pouilly, dans son testament du 19 mai 1735 et le codicile du 27 mai 1746, après avoir exprimé sa volonté que six cents messes basses soient dites immédiatement après son décès, soit à Pouilly, soit ailleurs, lègue *cents livres* aux fabriciens pour fondation de six messes basses annoncées chaque année au prône le dimanche précédent ; et *cent livres* à l'hôpital à charge de faire dire chaque année à perpétuité cinq messes basses et une grande messe avec un *De profundis*... « Il sera payé pour la rétribution d'icelles quinze sols pour chacune, qui est en tout quatre liards dix sols ».

7° Anne Bannelier, épouse de Claude Garreau (notaire royal à Pouilly) : « Au nom de Dieu, fait l'an 1749, heure de onze du matin, ce jourd'hui 25e jour du mois de juillet, à Arnay-le-Duc, au logis où pend pour enseigne l'image des Trois Roys, en une chambre haute, audit logis ayant aspect sur la cour... après avoir recommandé son âme à Dieu, a fait sa déposition de dernière volonté comme s'en suit : ...donne et lègue une rente foncière de *quinze livres* par an à l'hôpital dudit Pouilly, ladite rente chargée de quatre messes basses par an. »

8° Le 4 juillet 1780, Me Claude Garreau, notaire royal à Pouilly, « lègue à l'hôpital *dix livres de rente*, à charge de faire célébrer chaque année quatre messes basses et *De profundis* et, de plus, une bénédiction du Saint-Sacrement précédée des complies, le 6 juin, jour de saint Claude, vers les six heures du soir ».

9° Philibert Driot, bourgeois, en 1785, « donne et lègue à l'hôpital de Pouilly une maison proche la halle dudit lieu avec le jardin qui joint le champ de foire, à charge de célébrer tous les ans à perpétuité huit messes basses et un *De profundis* ».

10° En 1821, les époux Cornesse font une donation entre vifs d'une *rente de quinze francs*, à condition qu'on fasse réciter, tous les dimanches pendant un an, les litanies du saint nom de Jésus après le décès du sieur Cornesse et les litanies de la Sainte Vierge après le décès de son épouse Claudine Tacquenet, et six messes basses à perpétuité et annuellement.

11° Jeanne Cunisset donne 400 francs pour fondation de quatre messes basses à perpétuité (23 novembre 1827).

12° Etienne Canquoin, ancien curé de Pouilly, puis curé de Genlis, lègue 300 francs pour que l'hospice fasse célébrer chaque année dans sa chapelle de Pouilly une grande messe ; et il ajoute : « J'entends que le maître d'école (chantre), marguillier et autres gens de peine seront payés largement. » (10 janvier 1833.)

Il est facile de remarquer que tous ces legs et dons rapportaient peu à l'hôpital à cause du grand nombre de messes à célébrer, si bien que le curé ne peut même plus acquitter toutes ces fondations ! M. Barolet demanda un vicaire chargé de l'hôpital et, le 22 mars 1781, l'évêché envoya Philippe Michel, fixant qu'il aurait chaque année 200 livres de traitement, plus 300 livres pour l'acquit des services religieux.

Ce prêtre ne resta que peu d'années à Pouilly.

Sur la demande des administrateurs de l'hôpital, qui firent remarquer que les revenus n'étaient plus en proportion avec les charges, Mgr Rivet, invoquant le décret du 30 décembre 1809, réduisit en 1847 le nombre des messes à faire célébrer chaque année à soixante-dix environ, exigeant comme compensation « un grand service » pendant l'octave des morts à l'intention de tous les bienfaiteurs de l'hôpital.

La « loi de séparation », elle, supprima toutes les fondations religieuses !

Un certain nombre de dons et legs avaient été faits en faveur de l'hôpital, surtout en propriétés, qui étaient amodiées à des fermiers, ce qui produisait quelques revenus chaque année pour l'hôpital.

Cependant, à partir de 1823, les dons sont plus profitables à l'hôpital :

1823 Etienne Nicolle, curé, 600 francs : sans charges.
1833 Thibault (de Châtellenot), 3.000 francs : un lit fondé pour un malade de Châtellenot.
1832 Elisabeth Miolland, veuve Emilion, 277 fr. 60 : un service religieux.
1840 Baron Perreney (de Grosbois), 4.918 francs : un lit pour Grosbois.
1842 Champeaux (de Thoisy), 1.000 francs : trente journées pour un malade de Thoisy.
1849 Docteur Demange (de Brochon), 5.000 francs : un lit pour Bellenot.
1836 Hôpital du canal de Bourgogne, 6.000 francs : un lit pour un ouvrier du canal de Bourgogne.
1852 Dame Fieux (de Chailly), 5.000 francs : un lit pour Chailly.
1863 Jeanne Coureau (de Châtellenot), propriétés estimées 1.440 francs.
1869 Philiberte Collot, 2.000 francs : sans charges.
1880 Rocault (de Sainte-Sabine), 5.700 francs : un lit pour Sainte-Sabine.
1889 Abbé Bavard, curé de Volnay, 10.000 francs : un lit pour La Bussière.
1894 Cunisset-Carnot, bibliothèque médicale du docteur Cunisset.
1894 Garreaux (de Dijon), trois maisons à Dijon, rue Montchapet.
1898 Héritiers Meurgy, 8.750 francs : sans charges.
1894 Maria Blondeau, domaines vendus, environ 20.000 francs pour un lit d'un malade de Pouilly.
1895 Girarde-Ripart, 467 francs : sans charges.
1897 Mlle Maitre, 1.000 francs : sans charges.
1906 Mlle Loidreau, 6.000 francs : sans charges.
1907 Abbé Guillier (d'Essey), 6.000 francs : un lit pour Essey.
1907 Emile Cunisset, 10.000 francs : sans charges.
1915 Bourlier (de Bellenot), 5.300 francs : sans charges.
1919 Anonyme (par M. Perrot, instituteur), 12.000 francs : un lit pour un malade du canton de Pouilly.
1922 Anonyme, 338 francs : sans charges.

Outre ces dons et ces fondations, l'administration de l'hôpital a comme ressources la *pension journalière* de chaque malade. Pour les indigents, ce sont leurs communes qui paient.

Le prix a varié selon les temps et la « vie chère ». En 1867, c'était 1 fr. 50 par jour. En 1892, 1 fr. 75 pour les indigents et 3 francs pour les autres. Une garde de nuit : 1 franc en plus.

En 1906, on fixe différents prix selon les conditions du malade : c'était 2 francs pour un indigent, 2 fr. 50 pour un ouvrier d'une entreprise industrielle ou agricole, 3 fr. 50 pour les autres malades.

En 1920, ce sera : 2 fr. 50 pour les indigents, 4 francs pour les enfants, 4 fr. 50 pour les autres, et 3 fr. 50 pour la garde de nuit (quand elle est nécessaire).

En 1921, calculant que le prix moyen des dépenses pour chaque journée est supérieur à ces chiffres, on augmente encore les tarifs. Actuellement, c'est indistinctement 6 francs par jour.

A cause de la loi de « retraite pour les vieillards », l'hôpital accepte aussi quelques infirmes plus ou moins incurables, bien que son but principal soit de soigner les malades.

Pour être admis à l'hôpital, il faut un certificat du médecin constatant que le malade ne peut recevoir chez lui les soins nécessaires à son état.

Un indigent a besoin d'une autorisation du maire de sa commune qui s'engage à payer les frais d'hospitalisation (avec le concours du département et de l'Etat), à moins qu'il n'y ait une fondation de lit qui assure son entretien.

Pour Pouilly, bien qu'il n'y ait que deux lits fondés, on reçoit gratuitement, c'est-à-dire aux frais de l'hôpital, tous les malades indigents de la commune.

CHAPITRE VII

Le Presbytère.

Le presbytère actuel est un ancien château-fort, comme le prouvent les *meurtrières* de la tour, les restes de *corbeaux* de pierre qui supportaient les *herses* pour en défendre l'accès, et le *colombier*, droit exclusif des seigneurs.

Il appartenait aux *Comeau* qui furent, pendant plusieurs siècles, les principaux propriétaires du pays. (Le moulin *Comeau* en dépendait.)

Leurs armes (des comètes) sont encore visibles sur un écusson de pierre au-dessus de la porte d'entrée de la tour du presbytère.

Cette famille COMEAU quitta Pouilly pour habiter Créancey où elle fit bâtir le château actuel.

Le presbytère avec ses dépendances passa successivement par héritage à M. Louis Routy de Charodon, décédé à Beaune le 17 novembre 1841, puis à Mme Etiennette-Elisabeth de Charodon, épouse de M. François Bizouard de Montille. Il fut vendu le 15 novembre 1868 à M. Pierre Martenot, époux de Claudine Matrat, qui le revendit à Mlle Rignault (12.000 francs), le 3 mars 1872.

Or Mlle Marie-Louise-Berthe Rignault, par son testament olographe (déposé en l'étude de Me Larmonier), fait le 26 mars 1874, lègue « sa maison, ses dépendances et le jardin (environ 20 ares) à la « Fabrique » de Pouilly-en-Auxois, pour en faire exclusivement le presbytère de la paroisse ».

Par décret du président de la République, maréchal de Mac-Mahon, en date du 24 décembre 1874, « le trésorier de la Fabrique de l'église curiale de Pouilly-en-Auxois est autorisé à accepter ce legs »... « Le maire de Pouilly est autorisé à accepter le bénéfice résultant pour la commune ». C'est-à-dire que celle-ci n'avait plus la charge de fournir un logement au curé comme le prescrivait le Concordat.

Or, le 3 janvier 1875, le *conseil de Fabrique*, en reconnaissance du legs de Mlle Rignault, a résolu « de fonder pour le repos de l'âme de la testatrice sus-nommée : 1° une grand'messe qui sera célébrée chaque année à perpétuité le 23 juillet, jour anniversaire de sa mort ; 2° cinq messes basses chaque année, à deux mois d'intervalle chacune, pour ladite demoiselle Rignault et pour ses père et mère. »

La *loi de séparation* s'empara du presbytère et de ses dépendances comme « bien d'Eglise » et, en 1911 (seulement), l'attribua au *bureau de bienfaisance* de Pouilly.

C'est à celui-ci que le curé *loue* actuellement le presbytère... injustice manifeste quoique... légale !

CHAPITRE VIII

L'École libre.

L'école libre de Pouilly-en-Auxois a été fondée en 1885 par M. l'abbé Meurgey, curé-doyen. La maison d'habitation avait été construite par M. Grilley qui la vendit avant son achèvement. M. Meurgey en fit l'acquisition et la loua à Mme Delaborde, aux conditions suivantes :

1° On donnerait comme loyer l'intérêt du capital employé à l'achat ; 2° on céderait la maison dès que les sœurs en auraient besoin.

Or, en 1886, la maison communale (l'ancien hôpital, actuellement la maison Robin) était devenue inhabitable et la commune ne voulait pas faire de réparations.

Alors sœur Prudence Devenet (de douce mémoire) demanda à M. le curé (M. l'abbé Duplus) de vouloir bien avertir Mme Delaborde.

Sœur Prudence et ses compagnes vinrent donc habiter cette maison en octobre 1886 tout en continuant l'école dans le local communal et, au printemps de 1887, on commença la construction des classes. Tout était prêt pour la rentrée de l'année scolaire 1887-1888.

La salle d'asile s'ouvrit le 3 novembre sous la direction de sœur Léopoldine Binet, qui n'exerça que deux ans et fut remplacée par sœur Marie-Constance Josse qui la dirigea jusqu'au 3 avril 1904, époque de son... expulsion, conséquence de la « loi de séparation » !

Ce même jour, les enfants de l'école communale s'installèrent dans le local destiné à l'école libre, et cela à la grande satisfaction de tous.

Ces bâtiments furent prêtés sans indemnité à la « commune » de 1887 à 1898.

Sœur Prudence, qui avait commencé l'école communale en 1853, la dirigea jusqu'à sa mort (9 avril 1896). Quels excellents souvenirs en ont encore gardé ses nombreuses élèves !... Son adjointe, sœur Sainte-Agathe Bouzereau, fut autorisée à continuer l'école communale deux années encore, afin de donner à la « commune » le temps nécessaire pour construire son école de filles.

L'école *libre* s'ouvrit donc en octobre 1898, sous la direction de sœur Sainte-Agathe qui fut, elle aussi, contrainte de se retirer le 3 avril 1904.

Le jour de l'ouverture de l'école libre, 90 enfants, fidèles à leurs maîtresses, furent inscrites tant à l'asile qu'à l'école libre.

L'école communale en avait six.

PENSIONNAT

Sœur Prudence, vu la modicité du traitement qui lui était alloué (300 francs et autant à son adjointe), fut autorisée à prendre des pensionnaires sans faire de déclaration. Mais, à l'ouverture de l'école libre, la déclaration fut jugée nécessaire et la maison fut autorisée à recevoir sept pensionnaires.

Des religieuses sécularisées avaient remplacé les

anciennes sœurs. Plusieurs s'y succédèrent. Mais, en 1912, deux des institutrices ayant été obligées de partir sans qu'il fût possible de les remplacer, les deux autres qui restaient ne purent assumer la charge du pensionnat. Celui-ci fut donc supprimé.

Mlle Eugénie Cholet, venue en 1909, dirige la classe et Mlle Marie Boussard, l'asile ou école maternelle depuis 1907.

Sœur Elisabeth Bossu, depuis 1896, se charge de l'intérieur de la maison et de l'*ouvroir* paroissial.

Les familles chrétiennes de Pouilly continuent à confier de préférence à l'*école libre* l'éducation de leurs enfants à cause de l'instruction religieuse qu'on leur donne.

L'école libre est *gratuite* ; on fournit même les livres scolaires aux indigents.

Si... aux petits des oiseaux Dieu donne la pâture, la Providence a jusqu'ici assuré l'existence de l'école chrétienne où les enfants de Pouilly reçoivent la « pâture » intellectuelle et religieuse qui assure l'avenir de la paroisse.

CHAPITRE IX

La Salle « Jeanne d'Arc ».

Le 16 mai 1920, dans la basilique Saint-Pierre de Rome, Jeanne d'Arc était solennellement canonisée par le pape Benoît XV. Une cinquantaine de cardinaux, plusieurs centaines d'évêques (dont 60 français), une quantité de R. P. abbés et de supérieurs d'ordres religieux, des ambassadeurs de tous les pays du monde (la France elle-même était représentée), 70.000 personnes assistaient à cette cérémonie grandiose. Dans toutes les églises de France, les sonneries des cloches annonçaient l'heureuse nouvelle tandis que l'on chantait le *Te Deum* d'action de grâce. Dans notre église Saint-Pierre, la statue de *sainte Jeanne d'Arc* était entourée de drapeaux, d'oriflammes, de fleurs et de lumières. Après les vêpres, une longue procession se rendit à la « Salle des Œuvres » qui devait être bénite et baptisée sous le nom de la nouvelle sainte, une des gloires de France les plus pures et les plus patriotiques.

Cette salle avait été construite hâtivement par M. Fournier au moment de la persécution religieuse déclanchée par la « loi de Séparation ». Déjà on avait procédé aux fameux « Inventaires » aussi inutiles que vexatoires, déjà les curés s'étaient vu dresser des « procès-verbaux » pour ce qu'on appelait le « délit de messe ». Les biens des

Fabriques et les fondations de messes étaient confisqués. Certains énergumènes réclamaient la désaffectation des églises dont on devait faire... des granges communales !... Que réservait l'avenir ?

C'est alors que M. le curé de Pouilly fit construire une salle de 25 mètres de long sur 8 de large, afin de pouvoir, en cas de nécessité, y célébrer les offices divins.

La réprobation générale et surtout les incidents occasionnés par les « Inventaires » empêchèrent le Gouvernement anticlérical de s'engager plus loin dans la voie des forfaits. Il fut décidé que les églises resteraient à la libre disposition du culte et que les curés les conserveraient « à titre d'occupants sans titre juridique ».

La salle construite par M. Fournier servit de lieu de réunion pour une société de gymnastique qu'essaya d'organiser M. l'abbé Brulard, vicaire, société qui ne dura que très peu de temps.

A son arrivée dans la paroisse, M. l'abbé de Clock aménagea cette salle, y édifia un théâtre et, par une cloison mobile, la partagea en deux parties pour en faire la « Salle des Œuvres ».

Là, se firent les catéchismes, et se réunirent les jeunes filles de « l'Ouvroir » ; elles y apprirent, sous la dévouée direction d'une personne compétente, la couture, le repassage, les travaux à l'aiguille et le tricotage mécanique, en même temps qu'elles bénéficiaient de l' « Œuvre du Trousseau ».

Là, se tinrent le « Congrès Marial » sous la présidence de Mgr Monestès en 1912 et le Congrès des « Pères de famille » du canton de Pouilly, etc.

Là, se donnaient, plusieurs fois par an, des « séances récréatives ».

Là, se donnaient solennellement les « Prix » de l'école libre.

Mais la guerre arriva. Immédiatement la « Salle des Œuvres » fut mise à la disposition du service de Santé et devint hôpital militaire.

Maintenant, cette salle est revenue à sa vraie destination. Depuis lors, elle sert surtout pour les « séances récréatives » qui ont toujours aussi un but charitable.

La paroisse est une grande famille. Il est toujours agréable de se trouver tous réunis, même pour se récréer. Il y a, à Pouilly, bien des éléments ; et, grâce à la bonne volonté de chacun, ces « séances récréatives » sont une cause d'union et de saines distractions.

Désormais, la « Salle des Œuvres » s'appelle SALLE JEANNE D'ARC ; puisse cette patronne glorieuse et bienfaisante la prendre sous sa protection. Ne disait-elle pas elle-même : « Beaucoup de gens me voyaient volontiers et venaient à moi, pour ce que je ne leur faisais point déplaisir... Travaillez et Dieu aussi travaillera. »

CHAPITRE X

Pouilly pendant la guerre.

Pour contenir le récit complet de la guerre mondiale de 1914-1918, une bibliothèque de plusieurs milliers de volumes serait nécessaire. Laissant aux grands historiens le travail énorme d'en retracer au moins les faits principaux, nous pouvons cependant (sans prétention aucune) écrire une petite *histoire locale* de la guerre, histoire qui restera pour prouver qu'ici, comme partout en France, on a fait « son devoir ».

A la fin de juillet 1914, personne ne pouvait soupçonner que la guerre était prochaine. Les derniers jours de ce mois quelques bruits pessimistes circulaient, mais bien peu croyaient à l'imminence du danger.

Cependant le samedi 1er août, à 5 heures du soir, les cloches sonnèrent le tocsin de la mobilisation, et, le lendemain à 6 heures du soir, l'état de siège était proclamé dans toute la France. Immédiatement les routes, le chemin de fer, le canal sont gardés. Les G. V. C. sont à leurs postes. Ils campent dans des granges ou sous la tente. Leur uniforme ? Pas luxueux : ordinairement un képi, un ceinturon cartouchière, un fusil chassepot, quelques-uns avaient « touché » un bourgeron, et les privilégiés un capuchon. Et ces bons vétérans firent si bien leur service que nulle part on n'eut, malgré le grand nombre des espions allemands, à déplorer le moindre acte de malveillance. Sans passe-port en règle, on ne peut circuler : c'est la consigne. Un poste est établi sur la grand'route aux Rues-Basses, un autre plus important près du champ de foire, afin de surveiller l'entrée du tunnel du canal et les puits d'aération ; les digues des réservoirs sont également gardées. Cependant tous les mobilisés regagnent leurs postes. Il faut tout quitter : famille, travail, situation. Ce n'est pas sans émotion qu'on laisse sa maison, son village, tous les « siens »... et pour combien de temps ? Quand reviendra-t-on ? Reviendra-t-on même ?... Noblement, courageusement on part, c'est le Devoir et c'est pour la France ! Il y a même un certain enthousiasme. On parle de la revanche, du retour de l'Alsace-Lorraine à la mère-patrie. Vive la France !

Mais « c'est Dieu qui donne la victoire ». La foi et la piété se raniment. Chaque matin, 60 ou 80 personnes assistent à la sainte messe. L'après-midi, à 3 heures, on récite le « Chemin de la Croix ». Avec quelle ferveur prie l'épouse, la mère, la sœur, la fille de celui qui est si exposé ! O Dieu, maître de la vie et de la mort, protégez-« le » : Mais petit à petit cet élan de piété devait se ralentir.

Il faut penser aussi à ceux qui restent sans ressources. Une quête faite par M. Rocault et M. Marsigny produit la somme de 1.300 francs. On installe une cantine à la mairie pour les femmes et les enfants des mobilisés. Deux fois par jour, ces « invités » viennent prendre un copieux repas servi par M. Perrot, instituteur, et quelques dames dévouées. La « popote » fonctionna jusqu'au moment où furent touchées les allocations gouvernementales.

*
* *

Les premiers jours du mois d'août 1914, comme partout, furent témoins à Pouilly d'une grande animation : c'était le départ des mobilisés. Puis, ce fut un calme triste. A part l'heure de l'affichage des « Communiqués officiels » qu'on allait lire avec empressement, les rues étaient souvent désertes. Cependant à la fin de cette première semaine de guerre, il y eut quelques passages de chevaux et de voitures de réquisition, un peu plus tard c'étaient des convois de camions automobiles qu'on décorait de fleurs ; puis des réquisitions périodiques de troupeaux, de foin, de pommes de terre, etc., qui donnaient une animation momentanée.

Le 21 août, revinrent des territoriaux renvoyés momentanément, car les dépôts d'Auxonne et de Dijon étaient encombrés ; mais, dix jours après, ils étaient de nouveau rappelés.

A partir du 1er septembre, les dépêches sont franchement mauvaises. L'aile gauche de notre armée recule rapidement. La Belgique est envahie, les frontières de la France sont dépassées, les ennemis sont à La Fère et à Laon. On raconte avec effroi les atrocités commises par les Allemands, l'incendie sauvage de Louvain, la capitulation de nos places fortes de Maubeuge, de Lille et de Givet. L'aile droite cependant, malgré l'échec meurtrier de Sarrebourg, tient bon ; elle remporte même quelques succès à Thann et à Mulhouse. Le G. Q. G. est à Châtillon-sur-Seine.

Nous voyons passer des émigrés qui fuient devant cette nouvelle invasion des Barbares. Ce sont des automobiles ou des voitures de toutes sortes : c'est un grand omnibus à trois chevaux qui emmène la famille d'un riche industriel de l'Aube, c'est la victoria d'un notaire de Soissons chargée de paquets et de caisses, que suivent deux enfants à bicyclette, c'est une charrette sur laquelle un fermier a chargé quelques meubles, des matelas et... sa famille. Tous ces fuyards racontent les horreurs dont ils ont été les témoins, l'acharnement de cette bataille gigantesque, et surtout la rapidité avec laquelle l'armée ennemie avance.

On entend du reste parfois le roulement ininterrompu du canon, et l'on commence à avoir des craintes sérieuses. Pouilly va-t-il être aussi le théâtre de la bataille ? Les ordres reçus semblent le faire craindre. La poste doit se tenir prête à être réquisitionnée par l'armée ; le canal doit évacuer tous ses bateaux ; la banque envoie immédiatement tous ses fonds à Dijon. Quelques personnes se hâtent même de partir, d'autres préparent la valise ou les paquets qu'ils emporteront si l'on doit fuir... C'était de la prudence !

Que serait-il arrivé si ce qu'on a appelé le « Miracle de la Marne » ne s'était pas produit ? Si notre vaillante armée n'avait pas brisé l'effort allemand dans cette bataille acharnée qui dura huit jours ? Si Dieu, touché par tant de prières ferventes, n'avait pas voulu sauver la France ?... Que serait-il arrivé ? Peut-être, probablement même, nous nous trouvions ici sur la ligne même d'une seconde bataille semblable à celle de la Marne, puis, pendant de longues années, Pouilly aurait été le théâtre désolé de cette abominable guerre de tranchées, de mines... Eglises détruites, maisons brûlées, champs bouleversés, bois déchiquetés, terre tout imprégnée de sang !... On frémit à la pensée de ce qui aurait pu nous arriver, et l'on ne saurait trop remercier la Providence de nous avoir épargné pareil malheur.

Le 9 septembre, la bonne nouvelle est annoncée : les Allemands sont vaincus, ils reculent de 80 à 100 kilomètres. Cependant, ils se fortifient de la mer à la Suisse, alors commence cette longue guerre de tranchées qui devait durer plus de quatre ans !

Et tandis que nos soldats combattent, ceux et celles qui sont restés essaient de leur venir en aide. Outre nos hôpitaux (voir le chapitre suivant), la charité répond à toutes les demandes ; on donne son or, on souscrit aux emprunts, on organise des quêtes : celle du canon 75 produit 540 francs, celle pour les Belges 320 francs, pour les blessés 175 francs, celle du secours national 222 francs, celle des orphelins 160 francs, celle des poilus 160 francs, etc., etc. Les jeunes filles ou les enfants vendent médailles, décorations, souvenirs..., et chacun contribue aux bonnes œuvres selon ses moyens.

Le mardi de Pâques 1915, arrivent des émigrés du Nord. On les reçoit avec bienveillance, leur offrant l'hospitalité, leur procurant lits, linge, vêtements. Une nouvelle quête recueille plus de 900 francs et un Comité est chargé de les secourir.

La *Ligue des Dames Françaises* se montre tout particulièrement zélée sous l'impulsion de Mme Doussot, présisente cantonale. Ces dames confectionnent des vêtements : chemises, tricots, chaussettes, etc., pour nos soldats. Elles en ont envoyé des quantités considérables ; des centaines de colis furent ainsi expédiés principalement aux régiments de Dijon et d'Auxonne et dans chacun étaient ajoutées de petites gâteries : chocolat, cigarettes, etc. L'administration de l'armée réclame des sacs à terre, on lui en a envoyé plus de 1.200. Les enfants des écoles travaillent également et tricotent chandails, cache-nez, etc. L'ouvroir des *Dames de Charité* confectionne des chemises. Tout le monde, avec empressement, contribue ainsi selon ses moyens à préparer la victoire finale.

CHAPITRE XI

Les Hôpitaux militaires.

La guerre, on le devinait facilement, devait être excessivement meurtrière. Que de morts ! Que de blessés ! Et pour ceux-ci, les hôpitaux militaires prévus suffiraient-ils ? N'est-ce pas notre devoir d'essayer de secourir aussi les chers rescapés ?

— Aussitôt l'idée est lancée : à Pouilly nous pouvons organiser des hòpitaux pour nos soldats.

M. le sénateur Chauveau aménage chez lui dix lits dans sa grande salle. L'administration de l'hôpital de Pouilly affecte trois salles (25 lits) aux militaires, tandis que les religieuses cèdent leurs chambres aux femmes malades, et transforment, pour elles-mêmes, la chapelle en dortoir ; les malades « civils » sont relégués dans une partie du grenier sommairement organisée. La « Salle des Œuvres » contient 20 lits et M. le docteur Voizot en assure bénévolement la direction médicale aidé, quand c'est nécessaire, par le dévouement de M. le docteur Gagey.

Le mardi 11 août, se réunissent les dames infirmières de bonne volonté et déjà, grâce à la générosité de toute la paroisse, les 45 lits prêtés sont garnis de draps bien blancs, de chaudes couvertures et de doux édredons, les armoires sont pleines de linge et de vêtements. On fait d'avance de la charpie et on prépare les bandes de pansement.

Mais il faut assurer la nourriture, les remèdes, l'entretien des soldats. Comment se procurer les sommes nécessaires ?

Le conseil municipal et la Commission de l'hospice font appel à la générosité des communes et des personnes fortunées de tout le canton de Pouilly.

Arconcey, Bellenot, Bouhey, Civry, Commarin, Créancey, Eguilly, Grosbois, Labussière, Maconge, Marcilly-Ogny, Meilly, Martrois, Semarey s'engagent à entretenir un blessé à raison de 2 francs par jour ; d'autres communes votent des sommes fixes : Blancey, 200 francs ; Châteauneuf, 300 francs ; Civry, 360 francs ; Châtellenot, 150 francs ; Chazilly, 150 francs ; Labussière, 360 francs ; Chailly, Essey, Thoisy-le-Désert envoient du linge, etc. Plusieurs familles du canton et surtout de Pouilly s'inscrivent aussi sur cette liste de générosités. Nos hôpitaux militaires sont donc prêts à fonctionner ; ils sont inscrits comme annexés de l'hôpital temporaire de Saulieu n° 40 et acceptés par le « service de santé » de la 8e région.

Mmes Belin et Larré ainsi que Mlle Marie Chatain s'occuperont spécialement de la « Salle des Œuvres » avec Mme Louise Barbier comme cuisinière, tandis que, sous la direction de la sœur supérieure, Mmes Voizot et Muzelier, Mlles Marceline Richard et Marie Verpeau se dévoueront à l'hôpital. La bonne sœur cuisinière trouvera moyen de nourrir tout le bataillon.

Chez le sénateur Chauveau, l'infirmière, Mlle Chapuis (d'Arconcey) est aidée par le si maternel dévouement de Mme Rocault.

Ce n'est que le 24 octobre qu'arriva le premier convoi de blessés. Ils venaient de l'Argonne... après trois jours de voyage. Avec quelle affectueuse sympathie sont-ils reçus ces chers héros, victimes de la guerre ! Immédiatement ils sont entourés de soins assidus. Il faut les nettoyer de la tête aux pieds, visiter les pansements, leur donner linge propre et vêtements chauds.

Et déjà ils se sentent « chez eux », ils racontent, avec force détails et dans l'argot expressif du « poilu », leurs fatigues et leurs souffrances, leur courage et leur héroïsme qu'ils trouvent tout naturel. On comprend l'énergie de leur patriotisme et surtout leur inébranlable confiance : « On les aura ». C'est déjà comme le refrain si souvent répété pendant cet effroyable drame qui devait durer cinquante-deux mois !

L'un montre avec orgueil un « casque à pointe » qu'il avait certes bien conquis et dans lequel sa « bourgeoise » fera pondre ses poules, l'autre exhibe d'un nœud de son mouchoir un éclat d'obus retiré de sa blessure au poste de secours... Il faut presque les forcer à manger l'excellente soupe fumante qui les attend, puis gagner leur lit douillet.

Et le lendemain matin, quand je demandais à l'un

d'eux : « Hé bien ! as-tu bien dormi ? — Non, monsieur le curé, répondit-il, j'étais trop bien... On n'est plus habitué à coucher dans des lits, j'avais envie de dormir sur ma descente de lit. »

Il est juste d'ajouter qu'ils retrouvèrent bientôt l'habitude momentanément perdue, et qu'ils prirent goût au « rata » de Pouilly. « Le soir de notre arrivée, écrivait un soldat à son camarade de Saulieu, on nous a servi un rôti de veau piqué à l'ail épatant, du bon pinard, des frites, et puis des tartes aux pommes. Chaque dimanche, il y a bon vin et gâteaux, etc. »

La générosité de chacun s'ingéniait pour « gâter » ces braves défenseurs de la France. Des villages voisins, on envoyait des œufs, des légumes, des fruits, parfois des poulets et des dindes. De Commarin arriva un jour un sanglier entier, un autre jour un chevreuil. Quel régal ! Et, vrai, c'est meilleur que le « singe » ou la soupe froide des tranchées.

On cherchait aussi à leur procurer des distractions : oh ! les bonnes parties de croquet ou de boules dans les cours ou les prés, et les jeux de cartes, de dames ou de dominos dans les salles, et les tapis multicolores de filet qu'ils confectionnaient, et la pêche aux réservoirs de Cercey ou de Panthier accompagnée de goûters ou dîners sur l'herbe...

Le jour de Noël 1914, il y eut à la « salle des œuvres » redevenue « théâtre », une séance récréative avec les soldats comme acteurs ou chanteurs, puis loterie de l'arbre de Noël. Quelle franche gaieté ! C'était un véritable plaisir de procurer d'agréables moments à ceux qui avaient déjà tant souffert de la guerre ; c'était aussi leur prouver notre reconnaissance, et même hâter leur guérison : le moral a une grande influence sur le physique.

Aussi ces chers soldats se trouvaient ordinairement trop vite guéris et tous ont conservé de leur séjour à Pouilly un souvenir ineffaçable.

L'hôpital et la « salle des œuvres » ou « salle Jeanne-d'Arc » ont reçu 146 soldats blessés ou malades, arrivés en sept convois : le 29 octobre 1914, le 27 novembre, le 15 décembre, le 29 décembre, le 20 mai 1915, le 7 juin et le 21 septembre.

Ces soldats ont fait un total de 7.211 journées de présence dans nos hôpitaux.

Les frais d'hospitalisation ont été payés par les communes du canton ou les « fondateurs de lits » (2 francs par jour) jusqu'au 1er avril 1915, soit 3.176 journées. La seconde partie a été payée par le *service de santé* : 4.035 journées.

Treize autres soldats de la région, permissionnaires ou

mobilisés pour le « service intérieur » dans le canton et malades, ont fait ensemble 288 jours d'hôpital.

Telle est la statistique, qui prouve l'aide que la charité spontanée a procuré ici à l'armée française.

Un prisonnier allemand malade a reçu également tous les soins qui lui étaient nécessaires.

Quelques réflexions maintenant. Parmi les soldats hospitalisés à Pouilly, il y en a eu de toutes les régions de la France : des Marseillais (oui, des vrais, de Marseille !) et des Lillois, des Bizontains et des Bretons, des Parisiens et des campagnards... Chacun avec l'accent et le caractère de son pays. Un séminariste voisinait avec un apache, oui, encore un vrai, qui se vantait de faire partie de la « bande des cinq points », tatoué comme un sauvage ; il avait fait son « congé » à Biribi... et, cependant, il appréciait la délicatesse de ses infirmières et se trouvait mieux ici que sur les « fortifs » où il « opérait ».

De tout jeunes conscrits, des « bleuets », fraternisaient avec les « pépères ». Parmi ceux-ci, deux bons R. A. T. auxquels il aurait été difficle de fixer un âge tant leurs cheveux et leurs barbes étaient blancs, originaires de la Garonne ; ils étaient perclus de rhumatismes, conséquence de leur séjour dans la boue des tranchées. Et, chaque matin, quand M. le docteur Voizot (venant ainsi avec une régularité digne d'éloge) leur demandait de leurs nouvelles : « Té, Monsieur le docteur, répondaient-ils avec l'accent si caractéristique du Midi, pour dire que ça va plus mal, on ne peut pas dire que ça va plus mal, mais pour dire que ça va mieux, on ne peut pas dire que ça va mieux ! »

Dans un convoi arriva un jour un gentil petit soldat que la commotion des éclats d'obus avait rendu muet. Son père, mécanicien à la Compagnie d'Orléans, étant venu le voir, se lamentait sur cette infirmité : avoir un enfant muet... pour toujours ! Mais non, ce n'était qu'un accident nerveux. Une autre commotion pouvait rétablir l'équilibre. C'est ce qui arriva... Comment ?... C'est un peu délicat à raconter... Essayons : Un jour donc que ce « bleuet » était allé... là où le roi va à pied, trompé par l'obscurité, il mit le pied dans le vide, et quand il sentit qu'il allait enfoncer... pas dans le vide alors..., il eut un moment d'effroi (c'est compréhensible) et il poussa un cri : ses cordes vocales étaient revenues à leur état normal. Retourné au front, ce pauvre petit fut tué quelque temps après dans une attaque au « Chemin des Dames ». Combien de ceux que nous avions soignés affectueusement à Pouilly ont eu le même sort, hélas ! On leur portait un si bienveillant intérêt ! Ils étaient devenus un peu de « chez nous »...

Plusieurs aussi furent prisonniers dans la suite. Ils eurent, parmi les personnes charitables de la paroisse, de généreuses *marraines* qui, par de bons colis, adoucissaient leur dure captivité.

En résumé, en voyant de près ces soldats français, malgré la diversité des caractères, des idées, des situations, la remarque qui s'impose, c'est que la race française est certes encore bien bonne et que, pris individuellement, nos hommes ont de grandes qualités. Chez tous on remarquait le patriotisme, cause de notre victoire, la générosité et l'esprit de sacrifice, la résignation touchante, la conscience dans le devoir.

Certains, au point de vue religieux, étaient fort édifiants. Témoin ce Breton qui, chaque soir, se mettait à genoux au pied de son lit pour faire sa prière, respecté et estimé de tous. Et plusieurs m'ont dit : « Monsieur le curé, je ne fais pas ma prière à genoux, mais je ne l'oublie jamais. » Quand on a passé par les angoisses de ces terribles batailles, on se sent bien petit sur la terre, et l'on comprend que notre vie dépend uniquement du grand Maître. Quand on vit avec la mort constamment à ses côtés, on ne peut avoir confiance qu'en Dieu, et il est tout naturel de lui demander sa providentielle protection.

Il est surprenant de constater que, malgré l'instruction *obligatoire*, il y ait en France tant d'illettrés. Plusieurs de nos soldats étaient obligés d'emprunter le bienveillant secours de leurs infirmières pour se faire lire leurs lettres et pour y répondre. Quelques-uns profitèrent de leur séjour à Pouilly pour apprendre à lire, à écrire et à compter.

On s'aperçut un jour qu'un soldat, qui achetait son journal cependant, ne pouvait pas le lire, parce qu'il... le tenait à l'envers. Une autre fois, il fallut longtemps pour faire comprendre à un blessé, qui avait reçu un mandat, que trois francs valent soixante sous !... Pour plusieurs donc, l'hôpital devint aussi une école.

Au début de janvier 1916, M. le curé reçut l'avis qu'il allait être mobilisé dans la quinzaine. Immédiatement M. le docteur Voizot écrivit au « service de santé de la 8e région » à Bourges, pour faire remarquer que la présence de M. le curé était nécessaire pour la surveillance des hôpitaux de Pouilly ; il demanda qu'on le mobilisât sur place, parce que, sans ce concours, il ne pourrait plus assurer la direction de ces hôpitaux.

Il fut répondu que « les instructions du général commandant la 8e région s'opposaient à l'affectation des hommes du service auxiliaire dans le lieu même de leur résidence ».

Alors, les hôpitaux militaires de Pouilly furent fermés. On rendit les lits, le linge et tous les objets prêtés.

On ne saurait trop louer le dévouement désintéressé de M. le docteur Voizot, des religieuses, des dames infirmières et de toutes les généreuses personnes qui se sont intéressées à cette « œuvre de guerre ». Nous avons apporté notre modeste mais utile tribut de secours à la glorieuse, puis victorieuse armée française.

M. le curé fut mobilisé, pendant six mois, à l'hôpital temporaire n° 35, à Semur, puis, pendant seize mois, à l'hôpital des contagieux de Beaune.

Malgré l'éloignement, il put heureusement revenir presque chaque dimanche à Pouilly. Grâce au dévouement actif de M. l'abbé Bligny, la paroisse eut peu à souffrir de son absence.

Réformé le 17 novembre 1917, M. le curé put même aller porter les secours religieux dans plusieurs paroisses des environs, Beurizot, Soussey, Martrois, Meilly, et y dire la sainte messe alternativement, chaque dimanche.

C'est alors qu'on s'aperçoit du vide creusé par l'absence du prêtre : plus de messe, plus de catéchisme pour les enfants, plus d'instruction religieuse. Alors que devient l'esprit chrétien ? L'absence des curés mobilisés a fait comprendre davantage dans ces paroisses l'utilité, la nécessité de la présence permanente, ainsi que la bienfaisante action du prêtre. Dans leurs rangs, la guerre a fauché bien des victimes. Ainsi, dans le diocèse de Dijon, seize prêtres et onze séminaristes ont été tués, beaucoup sont mutilés, estropiés.

Mais, la guerre finie, les autres sont rentrés avec un zèle retrempé dans le sacrifice reprendre leur poste dans l'armée pacifique des soldats de Jésus-Christ.

CHAPITRE XII

L'Armistice et la Paix.

Le 11 novembre 1918, à 4 heures de l'après-midi, les cloches annonçaient l'armistice. Enfin ! Il était donc venu ce jour si désiré... Depuis quelques mois, les armées alliées remportaient victoires sur victoires : la ligne allemande si fortement constituée avec ses tranchées profondes, ses fils de fer barbelés, ses blockhaus, ses tourelles blindées, ses nids de mitrailleuses, son artillerie de tous calibres..., tout cela craquait partout ; rien ne résistait plus à l'élan de nos soldats dirigés par le cerveau génial du grand chef des armées alliées, le maréchal Foch. La retraite des Allemands ressemblait déjà à une déroute ; ceux-ci étaient chassés de France et, pour échapper à l'écrasement total qu'ils prévoyaient à bref délai, ils demandaient grâce, ils acceptaient toutes les conditions qu'on leur imposait... La guerre est finie, c'est la victoire définitive. Autant les cloches de France étaient tristes, lorsqu'elles sonnaient l'alerte pour la guerre que la barbarie nous imposait, autant maintenant elles sont gaies, joyeuses, triomphantes, quand elles annoncent la fin de l'effroyable tempête qui amoncela tant de ruines et tant de morts... Comme l'âme religieuse sait interpréter les voix de bronze dont les saintes vibrations, tour à tour de tristesse ou de joie, émeuvent profondément les cœurs ! A leur appel, notre église se remplit spontanément ; les yeux sont humides des larmes de la reconnaissance, et à Dieu, dans son temple, on éprouve le besoin de venir dire : Merci.

Le dimanche suivant, toute la paroisse se retrouve réunie pour chanter le *Te Deum* d'action de grâce : « Seigneur, nous vous louons ; Seigneur, nous vous remercions. En vous, Seigneur, nous avons mis notre confiance, vous nous avez exaucés... »

Peu de temps après, nos prisonniers libérés rentraient. Avec quelle joie on les a reçus, ces chers rescapés de la cruauté allemande ; mais, au sein de la famille, les souffrances endurées seront bientôt oubliées : on est si bien « chez soi » ! Puis, petit à petit, la démobilisation s'opère. Lentement aussi s'élabore le traité de paix de Versailles. Sans être pessimiste, on peut se poser la question : Comment sera-t-il exécuté ? Que réserve l'avenir ? L'avenir est à Dieu.

Le 8 novembre 1919, un grand service était célébré à l'église Saint-Pierre pour nos soldats tués à la guerre. Les premiers bancs et tout le chœur étaient réservés aux autorités, aux parents des victimes et aux démobilisés ; la fanfare municipale assistait aussi à la cérémonie et joua des morceaux de circonstance.

Un grand catafalque décoré de drapeaux et de lumières, dominé par une immense croix de bois, produisait un effet impressionnant. C'était la fête des morts glorieux ! *Fête* et *mort* : voilà deux mots qu'il semble difficile d'accoupler ; cependant les deux idées qu'ils expriment résument la cérémonie. Tristesse au souvenir de ceux qui ont donné leur vie pour le salut de la France, mais gloire pour leur mémoire, car ils sont nos sauveurs.

Tous les ans (grâce à la fondation faite par la générosité paroissiale), un grand service sera désormais ainsi célébré.

Après la messe, on se rendit en cortège à la salle de la « justice de paix ». M. le docteur Gagey prononça une touchante allocution ; il remit le « diplôme d'honneur » officiel à la famille de chacune des victimes de la guerre et, pour plusieurs, la « croix de guerre méritée ». Cérémonie impressionnante aussi. L'affectueuse sympathie dont furent, ce jour-là, entourées les familles éprouvées doit être pour elles une pensée de consolation dans leur deuil.

Enfin, le 23 novembre, c'était le *banquet des démobilisés*. Après la grand'messe, tous les anciens militaires se trouvaient réunis pour des agapes fraternelles (aux frais de la municipalité), dans la grande salle de l'hôtel Devanne : 112 couverts, excellent repas. Des toasts très applaudis furent prononcés par M. le curé, M. Bligny, M. Gagey et M. Belin. Une quête pour le monument des victimes de la guerre produisit la somme de 240 francs.

La plus cordiale gaieté régna parmi tous ces anciens défenseurs de la France, heureux d'avoir fait leur devoir et de pouvoir jouir désormais de la paix si bien gagnée.

CHAPITRE XIII

Inauguration du Monument

ÉLEVÉ EN SOUVENIR DE NOS SOLDATS MORTS POUR LA FRANCE PENDANT LA GUERRE 1914-1918

La reconnaissance nous faisait un devoir de conserver durable le souvenir de tous nos soldats qui, de leur vie, ont payé le salut de la France. En leur mémoire, partout on décida d'élever non seulement des églises, comme à Dormans (lieu désigné par le maréchal Foch comme pivot de la glorieuse bataille de la Marne), ou des monuments soit de reconnaissance nationale comme à la « tranchée des baïonnettes », soit de piété comme à Notre-Dame de Lorette, mais aussi dans chaque ville et dans chaque village, où les noms des héros seraient gravés sur des plaques de marbre, sur des stèles de granit ou sur le piédestal des statues.

A Pouilly, un comité fut constitué de concert avec la municipalité. On nomma *président :* M. le docteur Gagey, conseiller général ; *vice-président :* M. le curé ; *secrétaire :* M. Rocault, ancien préfet, et *trésorier :* M. Marsigny, notaire.

Ces messieurs, aidés également par M. Berland, juge de paix, firent une quête à domicile, laquelle réunit la somme de 8.430 francs, somme considérable pour une population de 1.100 habitants. Cela représente une moyenne d'environ 30 francs par famille. Le conseil municipal vota une première subvention de 3.000 francs, puis, plus tard, une seconde, également de 3.000 francs.

D'abord, il avait été décidé d'élever, près de l'église Saint-Pierre, une stèle de granit des Vosges, mais une proposition de M. Gasq, le célèbre statuaire bourguignon, modifia cette décision. Une majorité du Comité accepta l'offre et l'on choisit parmi trois maquettes proposées celle qui sembla la plus belle ; et il fut décidé que cette statue serait posée sur la place principale, au milieu des tilleuls.

C'est cette statue qu'on inaugurait solennellement le dimanche 3 août.

Pendant les jours précédents, des dames et des jeunes filles de bonne volonté avaient confectionné, dans la salle *Jeanne-d'Arc*, de longues et lourdes guirlandes de sapin et de lierre qui, colorées de petits drapeaux français, enrubannaient les arbres de la place, tondus tout nouvellement (peut-être un peu trop !). Des faisceaux de drapeaux et des oriflammes aux fenêtres, de légers festons de papiers tricolores traversant les rues et reliant les maisons, donnaient le cachet de fête patriotique.

Mais le souvenir des morts même glorieux est essentiellement religieux. La piété chrétienne devait s'allier à la démonstration de reconnaissance pour nos grandes victimes de la guerre. La paroisse tout entière se trouvait réunie, à 10 heures, à l'église, pour la messe et l'absoute solennelle.

La fanfare municipale entrait au son d'un « pas redoublé ». Les autorités, les familles des victimes, les démobilisés et les hommes occupaient les premiers bancs de l'église et le chœur.

L'église était décorée de guirlandes vertes, de drapeaux français et d'oriflammes rouges ou noires suspendues aux voûtes.

Point de catafalque, mais, devant la grille du chœur, une simple tombe reproduisant celles du « front », c'est-à-dire un petit tertre de gazon, à l'intérieur duquel un peu de sable, une croix de bois blanche, portant une plaque où le nom du soldat est écrit, et une cocarde tricolore. Au pied de la croix, une couronne de fleurs naturelles, puis un éclat d'obus et un casque troué...

Il y en a ainsi plusieurs centaines de mille, toutes semblables, de l'Yser aux Vosges, ou bien pieusement blotties dans un petit cimetière de campagne, ou bien régulièrement alignées, comme à la parade, dans les immenses cimetières militaires, ou bien isolés soit au coin d'un bois déchiqueté par la mitraille, soit près d'un chemin défoncé par les obus.

Combien impressionnante cette petite tombe ! Chaque famille éprouvée pouvait se dire : « C'est ainsi qu'est celle *du mien* ! »

Le grand orgue joue la « Marche funèbre » de Guillemand et la sainte messe commence dans le recueillement, recueillement que soutiennent les chants sévères et pieux du « Chœur des jeunes filles » ou la belle voix (1) qui, à l'orgue, interprète si harmonieusement la cantate « Nos glorieux Héros », puis le *Panis angelicus*, de Franck.

Après l'Evangile, M. le curé monte en chaire : il parle de ces chers défunts dont la mort met en deuil la paroisse tout entière ; la paroisse n'est-elle pas une grande famille ? Il insiste sur ce texte de saint Paul : « Ne pleurez pas comme ceux qui n'ont pas d'espérance ». Nous savons que nous les retrouverons. Actuellement même ils ne sont pas des absents, mais seulement des invisibles...

La quête au profit du monument fut faite à l'église par MM. et Mmes Gagey et Rocault. Elle produisit 420 francs.

La fanfare municipale joua avant l'absoute une « Andante » très expressive, et après, une marche militaire. Puis la foule s'écoula lentement, tout impressionnée par cette émouvante cérémonie.

A 2 heures de l'après-midi, toutes les cloches sonnent. Tout le monde est massé sur la place ; les autorités prennent place sur une estrade ; M. le sénateur Chauveau préside.

La fanfare joue la « Marseillaise », alors tombe le voile cachant la statue. Celle-ci se détache toute blanche dans le cadre sévère et glorieux qui l'entoure.

Elle représente la France sous la figure d'une femme revêtue d'une armure en partie cachée par une légère draperie. Debout, dans une attitude simple, elle tient serré contre sa poitrine un casque couronné de lauriers. La physionomie est expressive, calme, recueillie, les paupières sont baissées, la bouche muette : c'est la résignation dans le deuil.

M. le curé bénit cette statue, près de laquelle une superbe gerbe de fleurs vient d'être déposée, puis M. le sénateur prononce un discours de circonstance, insistant sur l'union sacrée qui doit assurer l'avenir de la France, la France sauvée par l'héroïsme de nos soldats.

M. Gagey, président du Comité, remet officiellement le monument à M. le maire. Il remercie spécialement les souscripteurs de leur générosité et il se dit très heureux de voir désormais la mémoire de nos chers soldats conser-

---

(1) Mme Raymond.

vée par une œuvre d'art de si grande valeur. Il félicite également M. Ventalon, auteur du piédestal, si en harmonie avec la statue.

M. Lignier, maire, accepte au nom de la commune le monument ; il remercie toutes les personnes qui ont contribué à cette belle cérémonie. C'est une consolation pour les familles en deuil (n'a-t-il pas, lui aussi, perdu dans la bataille son plus jeune fils ?) de constater l'affectueuse sympathie de leurs concitoyens.

Les clairons sonnent « Aux Champs », et un blessé, M. Dumont, fait l'appel de ses camarades disparus. Autrefois, lorsqu'ils étaient « dans le rang », ils répondaient « présent ». Mais maintenant, pour eux, un autre blessé, M. Chapotot, répond après chaque nom : « Mort au champ d'honneur ! » Et ces mots retombent régulièrement comme un glas funèbre. Après une nouvelle sonnerie de clairons qui ferme « le ban », un chœur de chant (composé des enfants de toutes les écoles et des jeunes filles) interprète deux cantates accompagnées par la fanfare et un orchestre.

A 4 heures et demie, on récitait, à l'église, le chapelet (c'était le jour de la fête du Rosaire) pour l'âme de nos soldats et, après plusieurs chants de circonstance, la bénédiction du Saint-Sacrement.

Beaucoup d'étrangers étaient venus à Pouilly, surtout l'après-midi.

Le 3 octobre 1920 fut donc ici une journée impressionnante. Le bon esprit qui y régna, la concorde générale, la bonne volonté ou le dévouement de chacun en ont fait une fête de famille. Nos chers soldats, victimes de la guerre, doivent être satisfaits de notre pieuse reconnaissance pour eux.

Voici leurs noms inscrits sur le monument :

Charles Bernardot, Auguste Bligny, Louis Bonnetête, François Boulogne, Victor Chardenot, Jean Chauvelet, Paul Coquillon, Joseph Desjours, François Devanne, Emile Devige, Maurice Jean, Henri Jallon, Louis Jolly, Claude Lambelot, Jean Laprée, Lucien Lecœur, Pierre Lemaire, Louis Lignier, Henri ~~et Pierre~~ Loriot, Alexandre Mercey, Marcel Thibert, Léon Tillerot, Louis Tissot, Auguste Verchère.

TABLE DES MATIÈRES

Imp. Jobard, Dijon.

PENSER · AGIR
JOBARD · IMPRIMEUR · DIJON

www.ingramcontent.com/pod-product-compliance
Ingram Content Group UK Ltd.
Pitfield, Milton Keynes, MK11 3LW, UK
UKHW022118170726
13837UKWH00003B/1248

9 782329 199825